PREPARACIÓN PARA LA ENTREVISTA DE TRABAJO

Técnicas Probadas Para Conseguir El Trabajo Que Desee Y Destacar Entre La Multitud, Además Respuestas A Las Preguntas Más Difíciles De La Entrevista

Table of Contents

Introducción 5

Capítulo 1—Consigue la Entrevista 9

    Cómo Obtener Más Entrevistas De Trabajo Inmediatamente 9

    Tips Para Construir Un Currículum Que Pueda Hacer Que Te Contraten. 14

Capítulo 2—Vístete Para Conquistar 22

    Qué Ponerse Si Eres Hombre. 22

    Qué Ponerse Si Eres Mujer. 26

    Seis Cosas Que No Debes Usar En Una Entrevista 28

    La Verdad Sobre Los Tatuajes Y Los Piercings 30

Capítulo 3—Prepárate Como Un Campeón 35

    Cómo Vencer La Ansiedad Y El Nerviosismo 35

    Nueve Cosas Que Debes Investigar Para Tu Entrevista. 40

    Otras Formas Vitales De Prepararte Para Tu Entrevista De Trabajo. 45

Capítulo 4—Preguntas y Respuestas 50

    10 Preguntas De Entrevista Comunes Y Cómo Superarlas. 50

    Manejando Las Preguntas Difíciles Como Un Campeón. 56

Capítulo 5—Crea Una Gran Primera Impresión 63

    Ocho Cosas Que Debe Hacer Para Causar Una Espectacular Primera Impresión. 63

    Cómo Destacar Instantáneamente Entre Los Demás Candidatos. 68

    Lenguaje Corporal Convincente Que Te Pone Por Delante Del Juego. 71

Capítulo 6—Supera La Entrevista Con Éxito 74

11 Cosas Que Tu Futuro Empleador Quiere Escuchar. 74

Ocho Cosas Que No Querrás Decir En Una Entrevista De Trabajo. 76

10 Habilidades Blandas Y Cómo Demostrarlas. 78

Capítulo 7—Detalles Finales **84**

11 Grandes Preguntas Para Hacer Al Gerente De Contrataciones. 84

Una Guía Esencial Para Las Negociaciones Salariales. 88

Qué Hacer Cuando Te Preguntan Algo Que Te Toma Desprevenido. 91

¿Está bien mentir? ¿Cuándo está bien mentir en una entrevista? 93

Capítulo 8—El Futuro Está Esperando **97**

Qué Hacer Después De La Entrevista De Trabajo. 97

¡Conseguiste el Trabajo! ¿Ahora Qué? 99

Cómo Transformar Un Rechazo En Algo Positivo. 102

Conclusión **107**

Introducción

Para la mayoría de nosotros, tuvimos que aprender a gatear antes de poder aprender a caminar. Lo mismo ocurre con la búsqueda del trabajo de tus sueños. Antes de que puedas conseguir el trabajo que siempre has querido, tendrás que conseguir una entrevista para el trabajo. Y luego tendrás que superar esa entrevista, aprobándola con éxito y posicionándote por encima de otros candidatos para el mismo trabajo. Muchos grandes candidatos han perdido oportunidades de trabajo porque no pudieron conseguir entrevistas o porque no obtuvieron nada en las entrevistas que tuvieron. Quizás no tenían una hoja de vida que se destacara por encima de otros candidatos. Quizás les faltaba la carta de presentación. Quizás no se vistieron apropiadamente para la entrevista. Tal vez no se prepararon adecuadamente. Tal vez se desconcertaron por una pregunta en la entrevista o tal vez dijeron algo equivocado. Tal vez, tal vez, tal vez... En la obtención y posterior realización de entrevistas, es extremadamente importante que tengas un plan y un proceso que te dé la mejor oportunidad posible de conseguir el trabajo que estás buscando.

En este libro, voy a darte las herramientas y técnicas que necesitarás para conseguir entrevistas para los trabajos que te interesan. También te diré las cosas que tendrás que hacer en la entrevista como tal, incluyendo cómo prepararte para las preguntas, cómo vestirte, cómo lidiar con preguntas difíciles, qué preguntas hacer a los posibles empleadores, cómo abordar y negociar el salario, y qué hacer en el seguimiento después de la entrevista. En resumen, te diré cómo posicionarte por encima de otros candidatos que están solicitando el mismo trabajo.

Me llamo David Allen. Soy un experto en cómo conseguir un

trabajo. Tengo años de experiencia como director de recursos humanos para múltiples compañías en diferentes industrias. También he trabajado como reclutador, reclutando gente para llenar varios puestos de trabajo corporativos. Y, finalmente, también trabajo como asesor de carrera, ayudando a las personas a encontrar trayectorias profesionales óptimas o trabajos que les permitan vivir vidas felices, saludables y exitosas. A lo largo de los años, he notado que mucha gente no puede conseguir los trabajos que quieren, simplemente porque no saben cómo conseguir entrevistas, cómo prepararse para las entrevistas o cómo desempeñarse en la entrevista misma. Muchos de mis clientes, que han tenido éxito gracias a los conocimientos que les he dado, me han animado a detallar mis conocimientos en forma de libro. Con este libro lo he logrado, con la esperanza de poder ayudar a mucha más gente en sus esfuerzos por conseguir los trabajos que desean.

Si puedes implementar algunos de los consejos y técnicas que estoy proporcionando en este libro, mejorarás tus posibilidades de conseguir entrevistas para los trabajos que te interesan y, posteriormente, obtener los trabajos que realmente quieres. Como asesor de carreras profesionales, he trabajado con clientes que durante años han intentado conseguir las entrevistas o los trabajos que les interesan. Estos clientes vinieron a mí porque no tuvieron éxito en sus intentos y querían saber cómo podrían mejorar sus posibilidades de conseguir los trabajos que buscaban. Al seguir algunas de las simples recomendaciones y pasos que les di, estos clientes inmediatamente se dieron cuenta que tenían más éxito en conseguir entrevistas y en los resultados de las mismas. Muchos de estos clientes no sabían lo que estaban haciendo mal, las cosas que les hacían fracasar en sus intentos. Con algunos simples ajustes, pude ayudar a estos clientes a conseguir los trabajos que deseaban.

Ya sea que estos clientes estuvieran buscando un trabajo en el que ganaran más dinero, encontrar un trabajo que utilizara sus talentos más adecuadamente, o encontrar un trabajo que tuviera un mejor ambiente de trabajo, yo pude guiarlos en la dirección correcta y trabajar con ellos en el desarrollo de un plan o un proceso que les permitiera tener éxito en su búsqueda del trabajo que querían. A través de los años, he recibido correos electrónicos, llamadas telefónicas y notas escritas a mano agradeciéndome mi ayuda en este proceso. Algunos de mis clientes incluso me han dicho que la información y los consejos que les he dado han cambiado su vida. Espero sinceramente que pueda tener el mismo impacto en tu búsqueda de trabajo y posiblemente hasta en tu carrera. Estaré encantado de recibir una nota tuya algún día, pronto, diciéndome que en este libro te proporcioné consejos y técnicas que usaste para conseguir el trabajo de tus sueños.

Si lees este corto libro y sigues los consejos y técnicas que te he proporcionado, te aseguro que aumentarás tus posibilidades de conseguir una entrevista de trabajo y también aumentarás las posibilidades de conseguir el trabajo. Antes de que puedas conseguir el trabajo que realmente quieres, tendrás que conseguir la entrevista. Pasos de bebé... Tendrás que aprender a gatear antes de poder aprender a caminar. Y luego, una vez que consigas la entrevista, hay algunas maneras seguras de asegurarte de que puedes dar lo mejor de ti mismo en ella. Conseguir un trabajo es una actividad que requiere un plan y un proceso. A lo largo de este libro, te animaré a que desarrolles un plan sólido y luego te concentres más en el proceso de ser tu mejor yo al tratar de conseguir el trabajo que quieres, en vez de concentrarte en los resultados de tus esfuerzos. Si puedes desarrollar un plan basado en mis recomendaciones y luego trabajar en ese plan, te aseguro que mejorarás tus posibilidades de conseguir el trabajo que realmente quieres.

He leído antes que los libros de autoayuda o de instrucciones de este tipo generalmente ignoran dos tipos diferentes de llamadas a la acción: Algunos lectores introducirán el conocimiento que se ofrece en las regiones remotas de sus bancos de memoria, diciendo que pondrán en práctica esas ideas en una fecha posterior, en cuanto se les ocurra. En su mayoría, estas personas generalmente no tienen éxito en sus intentos, ya que "la vida pasa"/el tiempo pasa y nunca llegan a implementar el plan que dijeron que algún día implementarían. El otro tipo de lector es el que tomará la información obtenida y la implementará inmediatamente. Sólo espero que seas este tipo de lector, ya que estas son las personas que tienen más probabilidades de tener éxito en sus intentos. Si implementas inmediatamente los consejos de este libro que son apropiados para ti, tendrás muchas más probabilidades de tener éxito en la obtención de entrevistas y empleos. No, no puedo garantizar que obtendrás el trabajo que te interesa, pero sí te garantizo que tendrás una oportunidad mucho mejor de hacerlo. De nuevo, la clave será centrarse en el proceso de conseguir entrevistas y trabajos en comparación con los resultados.

Se ha comprobado que los consejos y técnicas de este libro son exitosos. Si te tomas el tiempo de leer este corto libro y luego implementas un plan basado en la información que el libro proporciona, aumentarás tus posibilidades de conseguir las entrevistas y los trabajos que realmente quieres. Cada capítulo de este libro tiene consejos y técnicas específicas que pueden ayudarte a tener éxito en tus esfuerzos de búsqueda de trabajo. Así que, dicho esto, ¡vamos a por ello!

Capítulo 1—Consigue la Entrevista

Buscar un trabajo puede ser una tarea desalentadora. Puede ser tedioso, estresante y decepcionante. Pero, al dividirla en tareas concretas, puedes lograr un progreso sustancial en poco tiempo. Como se mencionó anteriormente, no podrás conseguir un trabajo a menos que consigas una entrevista primero. Teniendo esto en cuenta, este capítulo describe las mejores maneras de asegurarse de que consigas las entrevistas.

Cómo Obtener Más Entrevistas De Trabajo Inmediatamente

Siempre que trates de conseguir una entrevista con un posible empleador, es extremadamente importante que tengas en cuenta que, en casi todos los casos, serás una de las múltiples personas que solicitan ese trabajo. Con esto en mente, vas a tener que asegurarte de que destaques entre los demás solicitantes.

En primer lugar, deberías determinar exactamente qué tipo de puesto quieres solicitar y también, si es posible, para qué tipo de empresa te gustaría trabajar. Por ejemplo, si tienes experiencia en marketing y estás interesado en un trabajo de marketing, te sugeriría que redujeras tu búsqueda dentro de esos parámetros. Un cliente mío, que buscaba un cambio de trabajo, tenía experiencia en marketing de restaurantes para dos cadenas de restaurantes con franquicias diferentes. Disfrutaba de diferentes aspectos de ambos trabajos; sin embargo, se había estancado con la compañía de restaurantes para la que trabajaba. Por lo tanto, al darse cuenta de que disfrutaba trabajando en la industria de los restaurantes y la hostelería, y también al darse cuenta de que las empresas dentro de la industria de los restaurantes valorarían su experiencia, mi cliente optó por buscar un trabajo dentro de la industria de los restaurantes. Para reducir aún más el campo, se dio cuenta de que su experiencia de trabajar para una empresa de franquicias sería particularmente atractiva para otra empresa de restaurantes en franquicia.

Por lo tanto, se dirigió a las empresas de restaurantes en su búsqueda de trabajo y redujo el campo aún más al seleccionar algunas empresas de restaurantes franquiciados en su búsqueda. Era plenamente consciente de las cosas que podía aportar a una empresa de restaurantes o a una empresa con franquicia que otros solicitantes no podrían ofrecer. Así que, en lugar de solicitar ser una persona de marketing en una empresa tecnológica o una empresa de arquitectura en la que no tenía experiencia (y no mucho interés), mi cliente decidió dirigirse a grupos de restaurantes franquiciados. Además, cabe destacar que se dirigió a unas pocas empresas que consistían en su mayoría en restaurantes de propiedad de la empresa y a unas pocas empresas de otras industrias franquiciadas, incluyendo una cadena de gimnasios y una cadena de imprentas franquiciadas. En otras palabras, mi cliente hizo un inventario personal de su experiencia y sus gustos y luego utilizó esa información para determinar los tipos de empresas a las que quería presentar solicitudes.

Una vez que lo hizo, ajustó su currículum para que se adaptara a esa industria, o a esas empresas en particular. Por ejemplo, con las cadenas de gimnasios en franquicia, mencionó al principio de su currículum que tenía una experiencia considerable en el trabajo con franquiciados de todas las diferentes áreas del país. Estaba consciente de que la cadena de gimnasios, que había comenzado en un área de la compañía, se estaba expandiendo a otras áreas del país y se dio cuenta de que esta experiencia de trabajar con franquiciados en diferentes áreas del país probablemente sería particularmente valiosa para la compañía en la que estaba interesado en trabajar.

Aunque te daré consejos adicionales sobre cómo desarrollar un currículum que se destaque más adelante en este capítulo, te diré ahora que será muy importante que continúes ajustando tu currículum en función de las empresas a las que lo envíes. No, no puede desarrollar un currículum, hacer 100 copias de ese currículum y luego enviarlo por cada trabajo en el que estás interesado. Si quiere tener éxito en las entrevistas, tendrás que seguir afinando tu currículum para cada empleo que solicites.

Otra forma de asegurarte de que conseguirás más entrevistas será preparar y actualizar tus materiales personales de marketing incluso antes de empezar a enviar los currículos. ¿Tienes tarjetas de presentación que puedas repartir en eventos de redes de contactos o en cualquier momento en que conozcas a alguien que podría ser una posible fuente de empleo para ti? ¿Tienes un perfil en LinkedIn? (Si no, deberías tener uno.) Si tienes un perfil en LinkedIn, ¿has actualizado ese perfil? ¿Estás presente en las plataformas de medios sociales como Facebook, Instagram y Twitter? Si es así, ¿te transmiten esos sitios como una persona que sería un activo para una compañía que está contratando? ¿Existe alguna información negativa en esos sitios que pueda afectar tus posibilidades de conseguir un trabajo? Si es así, ¿puede esa información ser eliminada? O, si no se puede eliminar, ¿es algo que se puede abordar o justificar si un posible empleador te pregunta sobre ello en una entrevista? ¿Tienes tu propia página web personal o un sitio de blog? Si no es así, ¿son estas cosas las que podrían ayudarte a conseguir un nuevo trabajo? Si tienes una página web personal o un blog, asegúrate de que esos sitios reflejen una imagen positiva para un posible empleador.

Al tratar de determinar qué empresas podrían estar contratando, es importante tener en cuenta que un número extraordinario de ofertas de trabajo no se anuncian. He visto investigaciones que demuestran que más del 90% de los empleos no se anuncian. Aunque esto me parece un poco elevado, no hay que perder de vista la importancia del planteamiento... La mayoría de los puestos de trabajo no se anuncian. Teniendo esto en cuenta, te diré que aunque es ciertamente importante que busques en las páginas web de empleo cuando busques trabajo, nunca debes detenerte ahí. Las empresas a menudo no anuncian los puestos en las bolsas de trabajo porque no quieren verse inundadas de currículums, muchos de ellos de candidatos que no están calificados. Otras empresas prefieren solicitar sus propios candidatos a través de anuncios internos o buscando currículos en LinkedIn u otras plataformas de trabajo y luego invitando a los candidatos calificados a una entrevista. Otras empresas contratarán a reclutadores, a menudo denominados cazatalentos, para que les traigan candidatos.

Y, finalmente, en tus esfuerzos por averiguar sobre las ofertas de trabajo y las entrevistas seguras, te recomiendo fervientemente que establezcas una red de contactos. Contactos, contactos, contactos. Aunque no participe regularmente en ningún grupo de redes u organizaciones profesionales, te animo a que tengas una "mentalidad de networking", lo que significa que le dices a la gente de manera consistente sobre los puestos que estás buscando. Siempre me gusta contar la siguiente historia, que viene de un cliente mío. Ella estaba buscando un trabajo de contabilidad en una importante cadena de tiendas minoristas. Su investigación le había dicho que esta compañía era una gran empresa para trabajar; sin embargo, no tenía contactos allí y no había manera de hacerse visible para conseguir una entrevista. Se acostumbró a decirle a la mayoría de la gente que conocía que estaba interesada en conseguir una entrevista con esta empresa en particular a la que se había dirigido. Eventualmente, cuando estaba en su salón de belleza, le mencionó esto a su estilista. La estilista le respondió que su cuñado era uno de los jefes de contabilidad de la empresa en la que mi cliente estaba interesada. La estilista le pidió una tarjeta de presentación para dársela a su cuñado y mi cliente accedió gustosamente. Menos de una semana después, mi cliente recibió una llamada del cuñado de la estilista. Esta llamada resultó en una entrevista. Después de una serie de entrevistas, mi cliente está ahora felizmente empleada en la empresa a la que se dirigió. La moral de la historia: Red de contactos, correr la voz, no ignorar ninguna fuente posible. ¿Quién hubiera pensado que un contacto con una peluquera podría llevar a un puesto contable en una gran cadena de tiendas? Pero así fue. Si te has dirigido a empresas específicas para las que quieres trabajar, no dudes en preguntar a cualquier persona que conozcas si conoce a alguien dentro de esa empresa.

Otro enfoque obvio para conseguir entrevistas con una empresa específica es simplemente averiguar quién es el gerente de contratación de esa empresa y luego llamarlos. Si tienes suerte, podrás hablar directamente con el gerente de contratación. De lo contrario, es posible que tengas que pasar por el portero o la secretaria para averiguar si hay alguna vacante actual. Incluso si no hay vacantes actuales, te animo a que envíes una carta de solicitud directamente al director de contrataciones y que expreses tu interés en trabajar en la empresa. Pídales que se pongan en contacto con usted siempre que haya una vacante. Y otra nota importante: Si hay un portero y tienes la sensación de que el portero no está enviando tu información al gerente de contrataciones, podrías tratar de llamar justo antes o poco después de las horas normales de trabajo antes de que el portero llegue o antes de que se vaya por el día. Muchos de mis clientes han encontrado que esos momentos antes o después de las horas normales de trabajo son los mejores para comunicarse con los gerentes de contratación directamente por teléfono.

Y, ya sea que no puedas evitar al encargado o que el gerente de contrataciones te diga que no hay vacantes actuales, siempre es importante que hagas un seguimiento de alguna manera, ya sea con una llamada telefónica o una nota personal de "gracias por tu tiempo". Sé persistente sin convertirte en una molestia. Tu objetivo en cualquier seguimiento debe ser transmitir que tienes un interés sincero en entrevistarte con esa compañía o en trabajar para ella y para crear una conciencia de primera opción como posible candidato. Este pequeño gesto de seguimiento puede a veces colocarte por encima de otros candidatos cuando se abre un puesto de trabajo.

Tips Para Construir Un Currículum Que Pueda Hacer Que Te Contraten.

Usualmente tu currículum será un elemento clave para determinar si puedes conseguir una entrevista o no. Al desarrollar tu currículum, debes recordar que a menudo se comparará con los currículums de otros candidatos. Con esto en mente, querrás asegurarte de que tu currículum se destaque en comparación con los demás. Aquí hay algunos consejos básicos que puedes utilizar para construir un currículum que hará que te contraten:

Antes de crear tu propio currículum, deberías revisar otros ejemplos de currículums, que son muy fáciles de encontrar en Internet. Si estás buscando un trabajo en industrias específicas, te sugiero que también busques currículos de estas industrias para ver lo que otras personas están haciendo en la misma rama. (LinkedIn es un gran lugar para ver currículums de personas dentro de industrias específicas).

Después de revisar varios ejemplos de currículos, deberías averiguar qué plantillas de currículos estándar están disponibles. Puedes encontrar plantillas de currículum simplemente buscando "plantillas de currículum vitae gratuitas" en internet. Además, como muchos de nosotros tenemos Microsoft Word, ese programa de software tiene plantillas de currículum gratuitas disponibles. Echa un vistazo a algunas de estas plantillas y determina una plantilla que funcione para ti.

Una de las claves en el desarrollo de cualquier currículum es hacer que sea fácil de leer. Esto significa que debes utilizar un estilo de letra simple, como Helvética, Times Roman, Arial o Calibri. Nada demasiado elegante. El tamaño de la fuente debe ser generalmente de 10 o 12 puntos, nada más pequeño. Debes limitar tu currículum a una o dos páginas, nada más. Si deseas usar resaltes de color y letra negrita o cursiva en algunas áreas, debes sentirte libre de hacerlo, siempre y cuando no uses demasiado estas funciones. He recibido currículos anteriores que estaban cargados de negritas, letras mayúsculas, a veces resaltados con colores y subrayados. Al ver estos currículums, a menudo he sentido que el remitente me grita, intentando con demasiada fuerza llamar mi atención.

Al redactar tu currículum, debes recordar que en la mayoría de los casos estarás ajustando o modificando cada uno de los currículos que envíes, dependiendo del trabajo que estés solicitando. Al personalizar tu currículum para una solicitud de empleo en particular, te animo a que leas el anuncio o la descripción del puesto y luego tomes nota de las palabras clave dentro de ese anuncio. Esas palabras clave deberían darte una buena idea de las cualidades o experiencia que el empleador está buscando en el empleado que contrata. Luego deberías tratar de incluir algunas de estas palabras clave tanto en tu currículum como en tu carta de presentación, sin que sean demasiado obvias. Además, si estás solicitando un trabajo en una compañía más grande o en una sucursal de una compañía más grande, debes recordar que muchas compañías ahora están usando un bot de software para leer inicialmente tu currículum antes de que sea pasado a un humano. Algunos de estos bots de software están programados para buscar palabras clave. Esa es otra razón por la que es importante incluir las palabras clave del empleador en tu currículum.

Al enumerar la información en tu currículum vitae, también haz un esfuerzo por enumerar primero la información importante y relevante. En otras palabras, si tienes 40 años de edad, más de 20 años retirado de la escuela secundaria, no debes listar tus logros en la escuela secundaria cerca de la parte superior de tu currículum. Enumera la experiencia, los logros, la información que es más relevante para el trabajo que estás solicitando. En la lista de tus logros, enuméralos siempre que sea posible. Por ejemplo, si tuviste experiencia como vendedor anteriormente, en lugar de sólo decir que eras el vendedor de la región central norte, podrías señalar que aumentaste las ventas en un 32% durante el período de dos años en la región central norte de la que eras responsable. O bien, si formabas parte de un equipo de ventas de 13 personas y fuiste el vendedor del año de la empresa, debes tomar nota de ello. Cuanto más específico puedas ser, más tus talentos y logros resonarán en el futuro empleador.

Además, debes utilizar un lenguaje activo/poderoso siempre que sea posible para describir tus logros. Palabras como "alcanzado", "ganado", "logrado" y "completado" son ejemplos de palabras de poder que pueden ser usadas para delinear los alcances y logros en su currículum.

Y asegúrate de que tu currículum incluya tu información de contacto. (Número de teléfono, dirección de correo electrónico, etc). Va a ser difícil para ti conseguir una entrevista si el posible empleador no sabe cómo contactarte.

Y finalmente, por favor revisa tu currículum y tu carta de presentación varias veces para asegurarte de que no haya errores tipográficos o de otro tipo. Te sugiero especialmente que hagas que otras personas revisen tu currículum en busca de errores. Los errores, sobre todo los errores tipográficos, son totalmente inaceptables en los currículums y sé que los gerentes de contratación descartarán cualquier currículum que tenga errores obvios. La sensación es que si no puedes prestar atención a los detalles en un currículum o una carta de presentación, entonces es posible que no puedas prestar atención a los detalles en el trabajo para el que el empleador está contratando. Si no conoces a nadie que sea capaz de corregir tu currículum y carta de presentación y si no puedes hacerlo tú mismo, entonces te sugiero que contrates a un corrector de pruebas independiente para que lo haga por ti. Upwork es un sitio independiente en el que podrías contratar a un corrector de pruebas, por unos 5 o 10 dólares. Fiverr es otra compañía que es una plataforma para los freelancers, incluyendo a los correctores de pruebas.

Cartas De Presentación: Por Qué Necesitas Una Y Cómo Hacer La Tuya Irresistible.

Mientras que los currículos deben contener "sólo los hechos", las cartas de presentación le ofrecen oportunidades adicionales para hacer una "propuesta" para el trabajo. Las cartas de presentación te permiten ampliar algunos de los datos que has incluido en tu currículum. Las cartas de presentación te permiten ampliar algunos de los datos que has enumerado en tu currículum. Te dan la oportunidad de expresar tu sincero interés en la oferta de trabajo y explicar por qué eres un buen candidato para el puesto. Además, las cartas de presentación te permiten mostrar algo de tu personalidad y establecerte como alguien que se destaca por encima de los otros candidatos que solicitan el mismo trabajo.

Algunos solicitantes de empleo cometen el grave error de ignorar la importancia de la carta de presentación, pensando que el gerente de contratación no se tomará el tiempo para leerla. Puedo decirte inequívocamente que las cartas de presentación sí son leídas por los posibles empleadores y nunca debes ignorar su importancia. Debes redactar una carta de presentación nueva para cada empleo que solicites.

Aquí hay algunos consejos para considerar al escribir esas cartas de presentación:

En primer lugar, es necesario identificar a la persona a la que se envía la carta de presentación y anotar su nombre en el saludo de la carta. Las cartas dirigidas a "A quien pueda interesar" o a "Gerente de contratación" no van a ser de gran ayuda. Obtén el nombre (y la forma correcta de escribirlo) de la persona que está haciendo la contratación, incluso si tienes que hacer una llamada telefónica para obtener esta información. Si, por casualidad, no puedes conseguir un nombre por cualquier razón, deberías al menos conseguir el título de la persona que está haciendo la contratación. (Por ejemplo, Director de Marketing, Director de Recursos Humanos, Gerente de Contabilidad, etcétera).

Al escribir tu carta de presentación, asegúrate de ir más allá de tu currículum. Si sólo vas a repetir toda la información que está en tu currículum, entonces estás disminuyendo el propósito de la carta de presentación. Si hay algo en tu currículum que te gustaría ampliar, la carta de presentación te ofrece la oportunidad de hacerlo. Aunque no querrás utilizar toda la carta de presentación para ampliar algo de tu currículum, la carta de presentación te ofrece una breve oportunidad para hacerlo.

Ayudará si puedes crear una gran línea de inicio para tu carta. Tanto si tienes una gran línea de apertura como si no, al principio de tu carta de presentación debes indicar por qué crees que eres un buen candidato para el puesto que está abierto. Como ejemplo, aquí hay una línea de apertura de alguien que está solicitando un puesto de gestión en una librería de Barnes & Noble. "Me emocionó saber que tienes una vacante para un puesto de dirección en Barnes & Noble. He sido un fan y un cliente fiel de Barnes & Noble durante muchos años y, con mi experiencia de gestión anterior, siento que puedo aportar mucho como gerente de Barnes & Noble". En esta línea de apertura, notarás que el solicitante expresa su interés y entusiasmo por el trabajo que está abierto. También se establece como alguien que está familiarizado con la empresa y le encanta el concepto. (Es difícil despedir rápidamente a alguien que es un cliente leal,

¿verdad?) Y luego, el candidato destaca que tiene experiencia en la gestión y señala que cree que puede convertirse en una parte valiosa del equipo de Barnes & Noble. Y lo hace con un tono casual, sin ser ridículamente formal. En dos frases, ha logrado mucho.

Al escribir tu carta de presentación, es importante que conozcas las palabras clave que el posible empleador ha utilizado en su anuncio de trabajo. En el anuncio de empleo de Barnes & Noble, la empresa había declarado que buscaba a alguien con experiencia en gestión. Como resultado, la candidata se apresuró a mencionar su experiencia en gestión en su carta de presentación. Otro ejemplo sería si un posible empleador dice que está buscando contratar a un empleado comprometido que puede ser una parte valiosa del equipo. Las palabras clave aquí son "comprometido" y "equipo". Teniendo esto en cuenta, tu carta de presentación podría mencionar que eres una persona muy trabajadora y que trabajas bien con los demás como parte de un equipo. Al reiterar las palabras clave de la publicación del empleo, estarás reforzando que eres una buena persona para su trabajo.

En tu carta, debes explicar por qué eres más apto que cualquier otra persona que esté solicitando el mismo puesto. Si no tienes la experiencia o las credenciales que te piden, entonces vas a tener que hacer hincapié en menos activos tangibles, como la actitud positiva, la ética de trabajo, la lealtad como miembro del personal, etcétera. Al hacer esto, te recomiendo que no señales o menciones tu falta de experiencia o credenciales. Deja que el posible empleador lo descubra por sí mismo. En lugar de decir, "Aunque no tengo mucha experiencia...", deberías decir, "Estoy dispuesto a trabajar duro para convertirme en un miembro inestimable del equipo" o "Como le diría mi anterior supervisor, tengo una actitud positiva de 'puedo hacerlo', soy un empleado leal y trabajo bien con los demás". Una vez más, no te disculpes por la falta de experiencia o credenciales. Identifica las palabras clave de la oferta de empleo que se aplican a ti y luego resalta los atributos que tienes que se corresponden con esas palabras clave. (Si no te ajustas a ninguna o a muchas de las palabras clave del anuncio de empleo, es posible que no encajes en el puesto).

Además, al crear tu carta de presentación, por favor recuerda enfatizar "lo que puedes hacer por la compañía" en vez de "lo que la compañía puede hacer por ti". El gerente de contratación ya sabe lo que la empresa puede hacer por ti. Tu enfoque debe ser decirles lo que puedes aportar si te contratan. Los gerentes de contratación no quieren escuchar que sus trabajos alimentarán a tu familia, te permitirán obtener el auto deportivo que siempre has querido, o te colocarán en el camino de la carrera que quieres seguir. En lugar de eso, necesitas resaltar lo que puedes hacer por ellos y su compañía.

Y, de manera similar a las recomendaciones hechas para las hojas de vida, si tienes la oportunidad de usar números para ilustrar tus éxitos pasados, deberías hacerlo. (Por ejemplo: "Como gerente de ventas de la Región Nordeste, aumenté las ventas en un 65% el primer año y en un 32% el segundo año"). Una vez más, recuerda que a los gerentes de contratación les gustan los números para ilustrar los éxitos del pasado. Los activos tangibles son generalmente preferidos sobre los activos intangibles en los currículos y cartas de presentación.

Las cartas de presentación también te ofrecen la oportunidad de dar testimonios, aunque debes recordar de nuevo que el espacio para las cartas de presentación es algo limitado. Si tienes la oportunidad de usar un testimonio, deberías hacerlo. (Por ejemplo: "Mi supervisor me dijo que me había desempeñado como un superhéroe en la organización de ese evento", "Uno de mis clientes me dijo que la asistencia que le proporcioné 'salvó el día'", "Recibí constantemente las mejores críticas por mi capacidad para guiar a nuestro equipo de servicio al cliente", etcétera).

Te recomiendo fuertemente que mantengas tus cartas de presentación en una sola página. Y aunque deberías haber incluido tu información de contacto en tu currículum, deberías incluir la misma información de contacto en tu carta de presentación en caso de que el currículum y la carta de presentación terminen separándose.

Y, finalmente, otro recordatorio para que te asegures de que has corregido tu carta de presentación antes de enviarla. Los errores tipográficos o gramaticales bien podrían eliminarte de la consideración. Si es posible, utiliza un par de ojos adicionales para revisar tu carta de presentación y tu currículum. Consigue los servicios de alguien que sea bueno en la corrección de pruebas.

Capítulo 2—Vístete Para Conquistar

Vale, has conseguido una entrevista cara a cara. ¿Lo siguiente? Bueno, una de las cosas que a menudo se pasa por alto es la decisión de cómo vestirse y qué ponerse para la entrevista. Aunque nunca he sido alguien que se preocupe mucho por cómo vestirse, como consejero de carrera he visto a solicitantes perder oportunidades de trabajo por la forma en que se han vestido para una entrevista. Con esto en mente, aquí hay algunas recomendaciones y sugerencias sobre cómo debes vestirte para tu entrevista.

Qué Ponerse Si Eres Hombre.

A diferencia del vestuario de las mujeres para las entrevistas, el de los hombres es relativamente sencillo. Siempre les digo a mis clientes varones que, como entrevistado, su objetivo en cuanto a su atuendo debe ser no sobresalir en una entrevista. Si un hombre se destaca en una entrevista por la forma en que está vestido, puede significar que el entrevistador vio su atuendo negativamente. Como hombre, aunque ciertamente deseas vestirte para tener éxito en cualquier entrevista, tu objetivo debería ser simplemente encajar desde el punto de vista del atuendo. Tu objetivo final debería ser conseguir el trabajo basado en lo que dices en la entrevista y en lo que tienes que ofrecer, no en cómo te vistes. Si crees que un gerente de contratación te va a contratar en base a la forma en que estás vestido, a menos que estés solicitando un trabajo en la industria de la moda, probablemente te estés enfocando en el área equivocada. Dicho esto, no puedes ignorar la importancia de vestirse para tener éxito y causar una buena impresión basada en la forma en que te vistes.

Nunca olvidaré mi primera entrevista al salir de la universidad. Como joven de 21 años, tuve la oportunidad de entrevistarme para un trabajo de relaciones públicas en una importante cadena de restaurantes. En ese momento, hace muchos años, la empresa hizo que los cinco candidatos seleccionados se sentaran en el vestíbulo al mismo tiempo que esperábamos para ser entrevistados. Al sentarme en el vestíbulo con los otros cuatro candidatos, fue inmediatamente evidente que yo era el chico recién salido de la universidad y que los otros cuatro candidatos, también varones, eran mayores y tenían experiencia. Me puse mi único traje, mi "traje de entrevista" azul claro, y un par de zapatos de suela esponjosa. Los otros candidatos llevaban un atuendo más tradicional, trajes más oscuros y zapatos más tradicionales, incluyendo puntas de alas y mocasines. Supe inmediatamente que mi atuendo para la entrevista me haría sobresalir de los otros candidatos, y no de una buena manera. Pero, por otra parte, llevaba menos de un par de semanas fuera de la universidad y no conocía nada mejor. Tuve la suerte de que me invitaran a una segunda entrevista para un trabajo que realmente quería. De nuevo, cuando era niño y acababa de salir de la universidad, estaba acostumbrado a usar jeans y camisetas todos los días y mi traje de entrevista "azul celeste" era el único traje que tenía. Como no quería llevar el mismo traje a la segunda entrevista y no tenía dinero para comprar otro traje, pedí prestado el traje de mi compañero de cuarto de la universidad para la segunda entrevista. Afortunadamente, teníamos casi la misma talla; afortunadamente, me ofrecieron el trabajo a pesar de mi deficiencia de vestuario. Pero aprendí una lección de ello, y me aseguré de que me vistiera más apropiadamente para mis entrevistas posteriores con otras empresas años después.

Para determinar qué ponerse para una entrevista, será útil que sepas cuál es el código de vestimenta o el modo de vestir de la compañía con la que te vas a entrevistar. No todas las compañías se visten igual y encontrarás que los empleados de una compañía que está comenzando probablemente se vistan diferentes a los empleados que trabajan para una firma de abogados corporativos. Si no estás seguro de cuál es el código de vestimenta de una compañía en particular, y realmente quieres asegurarte de que encajas cuando estés allí para tu entrevista, no hay nada malo en llamar a la recepcionista de esa compañía para saber cómo se viste la mayoría de la gente. Incluso he tenido clientes que han ido a la compañía días antes de la entrevista y han visto cómo los empleados se visten con una misión de reconocimiento en el aparcamiento. Aunque creo que esto es un poco drástico, señala que es importante que no parezcas demasiado fuera de lugar con lo que llevas puesto para tu entrevista.

Con suerte, sabrás algo sobre la compañía a la que enviaste tu currículum y tendrás una idea del tipo de negocio en el que están y cómo podrían vestirse. Si estás entrevistando para el puesto de un profesional del golf o de un paisajista, obviamente puedes vestirte de manera muy informal para tu entrevista. De hecho, es probable que pierdas puntos si te presentas con un abrigo y una corbata. Pero para la mayoría de los otros trabajos, tal vez quieras determinar si la compañía con la que te estás entrevistando tiene una vestimenta casual o formal de negocios. La diferencia básica entre estos dos modos de vestir se refiere principalmente a si debes usar una corbata o no, pero también puede tratar de si debes planear usar un abrigo o no.

De cualquier manera, siempre les digo a mis clientes masculinos que, si van a usar un abrigo, se prefiere un abrigo caqui o un abrigo color camello a un abrigo más oscuro. Les digo a los clientes que no se vistan como lo harían para ir a un funeral. Los trajes de raya diplomática pueden ser demasiado formales, dependiendo del trabajo que se solicite. Los blazers marinos pueden ser más apropiados. Los pantalones deberían estar coordinados con el abrigo. Los pantalones azul marino, caqui o incluso los grises son estándar en la mayoría de las entrevistas. El hecho de que uses o no una corbata puede depender de si vas por el look casual de negocios o formal de negocios. El estilo casual de negocios a menudo no incluye una corbata, mientras que el estilo formal de negocios generalmente incluye una corbata.

Si estás tratando de cruzar la línea entre lo casual y lo formal en los negocios, una camisa con botones cubierta por un suéter es a menudo un atuendo aceptable, a menos que el suéter sea el que compraste para una fea fiesta de suéteres. Nuevamente, el que uses una corbata dependerá de si vas por el look casual de negocios o por el formal de negocios.

Con respecto a la elección de la corbata, debes elegir una que no sea demasiado extraña, pero tampoco tiene por qué ser aburrida.

Al elegir una camisa de botones, recomiendo que elijas una camisa de color sólido o una camisa a rayas, algo que funcione con las otras prendas que vas a usar y algo que no reste valor al aspecto general. Recomiendo que elijas una camisa de manga larga en lugar de una camisa de manga corta, sólo porque conozco a algunas personas que son adversas a los botones de manga corta para hombres.

Basándose en el resto de tu conjunto para la entrevista, deberías elegir un buen par de zapatos conservadores que funcionen con el atuendo. No hay nada de malo en usar zapatos marrones en conjunto con un look casual o formal de negocios. Y asegúrate de que tus zapatos estén lustrados, ciertamente no rayados. Además, un cinturón de cuero y calcetines oscuros conservadores son un atuendo normal para una entrevista para hombres, aunque con algunos de los diseños de calcetines únicos y coloridos de hoy en día, los calcetines estampados podrían funcionar también.

Y si eres un gran usuario de joyas, no te pases con las mismas, a menos que estés solicitando un trabajo como productor de música rap. Es una broma. Lo mismo vale para la colonia o la loción para después de afeitarse. No uses o usa poca cantidad.

Y asegúrate de que tus uñas estén limpias y bien cuidadas.

Qué Ponerse Si Eres Mujer.

No debería sorprender a nadie cuando digo que decidir qué ponerse para una entrevista es a menudo más complicado para las mujeres que para los hombres. Aunque voy a dedicar más tiempo a la ropa de las mujeres que a la de los hombres, quiero advertir a las mujeres y decirles que no piensen demasiado en el atuendo que decidan llevar a una entrevista. Aunque la forma en que te vistes en una entrevista es ciertamente importante, sigue siendo secundaria en comparación con la preparación de las partes verbales de la entrevista en sí.

La forma de vestirse para una entrevista dependerá, una vez más, del tipo de compañía con la que te entrevistes. Los códigos de vestimenta de las diferentes compañías pueden variar sustancialmente. Una compañía nueva podría permitir pantalones vaqueros y zapatos tenis, mientras que una compañía de Fortune 500 de Madison Avenue podría incluso descalificar cualquier atuendo que no incluya una falda y pantimedias. Por eso es importante que averigües qué tipo de código de vestimenta tiene la compañía con la que te vas a entrevistar antes de hacerlo. Nuevamente, si no estás seguro, puedes simplemente llamar a la recepcionista de la compañía y preguntar sobre el código de vestimenta o el atuendo estándar. Y, si todavía no estás seguro, te diría que es mejor vestirse bien en lugar de vestirse mal en comparación con el nivel de los empleados allí.

En la mayoría de los casos, animo a las mujeres a vestirse de forma conservadora. Nada demasiado llamativo. Nada demasiado revelador en cuanto al largo del top o de la falda. El largo normal de la falda conservadora es justo por encima o por debajo de la rodilla. Selecciona una blusa o top conservador que coordine con tu ropa.

A diferencia de los hombres, los accesorios son un factor más importante para las mujeres. Si eres mujer, tienes que elegir si quieres usar joyas o no. Y, si eliges usar joyas, tendrás que elegir qué joyas usar. Además, tendrás que elegir qué bolso llevar a una entrevista. En cuanto a las joyas, algunas personas sostienen que las mujeres deben usar poca o ninguna joya en una entrevista. De cualquier manera, es seguro decir que no debes sobrecargar la cantidad de joyas que usas en una entrevista. Tengo una amiga en el negocio de la orientación profesional que les dice a las mujeres que prefiere que no usen ninguna joya en lugar de joyas baratas. Además, en cuanto a la cartera que elija llevar a una entrevista, la bolsa debe ser lo suficientemente grande como para contener su currículum y los documentos correspondientes, sin embargo no debe ser una de esas bolsas monstruosas que a veces vemos. En mis días de recursos humanos, una vez tuve una mujer que trajo una bolsa tan grande a su entrevista que le tomó por lo menos cinco minutos para encontrar su currículum. Al buscar su currículum, procedió a vaciar su bolsa de su contenido, pieza por pieza. Para cuando finalmente localizó su currículum, podría haber tenido una venta de garaje con todos los artículos que había colocado en mi escritorio, y, durante ese tiempo, me había formado la opinión de que estaba desorganizada. En otras palabras, sus posibilidades de conseguir ese trabajo habían terminado incluso antes de que la entrevista comenzara realmente.

Además, animo a las mujeres a ser conscientes de la cantidad de maquillaje y el perfume que usan. Yo animaría a las mujeres a no usar mucho maquillaje y a no usar o no usar mucho perfume. Es importante recordar que algunas personas son alérgicas a los perfumes y otras detestan el uso excesivo de los mismos. Teniendo esto en cuenta, el uso de perfumes en una entrevista probablemente no sea un riesgo que valga la pena la recompensa.

De la misma manera que aconsejé a los hombres que se aseguraran de tener las uñas limpias y bien cuidadas, animo a las mujeres a que se aseguren de que sus uñas estén presentables.

La ropa debe ser siempre conservadora, para no perjudicar la entrevista en sí. La ropa en sí debe ser planchada y/o sin arrugas. También debe estar limpia. No debe tener manchas, agujeros, rajaduras o bordes irregulares. Y cuidado con el pelo de las mascotas si tienes un perro o un gato.

Los zapatos deben estar pulidos y no rayados. El que uses tacones altos o planos depende de ti. Se desaconseja el uso de zapatos de punta abierta.

Si vas a una entrevista inicial con una empresa que tiene un código de vestimenta muy informal, los jeans y los zapatos tenis pueden estar bien, pero los jeans deben estar limpios y sin agujeros y costuras desgastadas. Si vas a una entrevista con una empresa que tiene un código de vestimenta muy casual, te recomiendo seriamente que te asegures de que sea absolutamente casual antes de usar jeans y tenis en una entrevista. Si te equivocas con eso, tu oportunidad de conseguir el trabajo podría terminar antes de que empiece la entrevista. Si no estás seguro, entonces es más seguro vestirse bien en lugar de correr el riesgo de vestirse mal.

Seis Cosas Que No Debes Usar En Una Entrevista.

Aunque muchas de estas cosas son de sentido común, hay algunas cosas que definitivamente no se deben usar o llevar a una entrevista.

1) Ropa brillante y llamativa. Intenta no parecer un árbol de Navidad decorado y andante. Usa colores más conservadores y sólidos. Si vas a usar un color brillante, como una camiseta roja brillante, asegúrate de que el resto de tu ropa compense o equilibre los colores brillantes que estás usando. Nuevamente, el objetivo aquí es que no te destaques por la ropa que llevas puesta. Simplemente quieres verte pulido y profesional.

2) Zapatos rayados, sucios o anticuados. Este consejo se aplica tanto a hombres como a mujeres. Te sorprendería saber cuánta gente presta atención a los zapatos y supongo que los gerentes de contratación están incluidos.

3) Demasiadas joyas o demasiados accesorios. Si eres hombre, quítate las joyas o métalas dentro de tu camisa. Si eres mujer, no te pongas pendientes grandes. Y si usas anteojos funky, vuelve a tu diseño más convencional y conservador, al menos para los propósitos de la entrevista.

4) Corbatas, bufandas y calcetines extravagantes. Esto se aplica particularmente a los hombres, pero también a las mujeres que se complementan con bufandas. Si eres un hombre, no intentes ser el tipo divertido con una corbata o calcetines extravagantes. No estás ahí para mejorar tu futuro como cómico de stand up. Si eres un usuario de corbatín, podrías considerar una corbata más convencional. Aunque creo que las corbatas de moño pueden estar muy de moda, debes saber que algunas personas todavía tienen una aversión a ellas.

5) Maquillaje pesado; perfume o colonia pesada. En lugar de usar maquillaje pesado, o perfume o colonia pesados, te recomendaría que vayas ligero o sin él. Algunas personas son alérgicas a los perfumes o a las colonias; otras personas son muy sensibles a los olores. Nunca se sabe si una de las personas que conoces en una entrevista es de éstos. Además, no uses mucho

maquillaje. No te excedas. Evita el lápiz labial rojo brillante y la sombra de ojos oscura. Una capa ligera de rímel, un toque de polvo y un poco de labial teñido probablemente estén bien, pero no te excedas.

6) Bolsas, carteras, maletines anticuados o desgastados. Algunas personas se olvidan por completo de los bolsos o maletines que utilizan para llevar su currículum o los papeles de la entrevista. Asegúrate de que el maletín que estás usando esté presentable y sea profesional, y que transmita la imagen que quieres presentar a tu posible empleador. Si es una mujer con un bolso, elije un bolso de tamaño más pequeño y minimiza el contenido para que puedas encontrar fácilmente el papeleo que necesitarás durante tu entrevista. Y siempre lleva un bolígrafo.

Una vez más, con cualquiera de estas recomendaciones, debes saber que no están fijadas en concreto. Siempre animo a las personas a ser quienes son y a vestirse de acuerdo a ello. Sin embargo, al elegir qué ropa y cómo quieres lucir para una entrevista, siempre ten en cuenta a la persona o personas con las que te vas a encontrar durante la entrevista y considera qué tipo de impresión estás causando con la forma en que te vistes o con los accesorios.

La Verdad Sobre Los Tatuajes Y Los Piercings.

Entonces, tienes algunos tatuajes o algunos piercings. Bueno, ciertamente no estás solo. Casi el 30% de los americanos tienen tatuajes y la mitad de los millennials tienen tatuajes. Dicho esto, probablemente sepas que algunas personas todavía tienen algunos prejuicios o sentimientos negativos sobre los tatuajes y las perforaciones y, con esto en mente, es posible que tengas que decidir cómo vas a manejar esto al entrar en una entrevista.

En primer lugar, permíteme señalar que con algunos trabajos y algunos empleadores, no va a importar en absoluto si tienes tatuajes o perforaciones. Sin embargo, algunas otras empresas pueden incluso tener políticas de empresa en relación con los tatuajes y las perforaciones.

Antes de discutir cómo debes manejar los tatuajes y piercings al entrar en una entrevista, me gustaría proporcionarte alguna información adicional que puede ayudarte en tu decisión sobre cómo hacerlo. Un sitio popular de encuestas reveló recientemente los resultados de una encuesta que hicieron con respecto a los tatuajes y las perforaciones. Preguntaron a los encuestados si consideraban que los tatuajes y las perforaciones perjudicaban las posibilidades de un solicitante de obtener un empleo. El 76% de los encuestados consideraron que los tatuajes y las perforaciones dañan las posibilidades de un solicitante de empleo. En el mismo sentido, más del 37% de las personas encuestadas dijeron que sentían que los empleados con tatuajes y perforaciones se reflejaban mal en sus empleadores. El 42% pensaba que los tatuajes visibles eran inapropiados en el trabajo; el 55% pensaba que las perforaciones eran inapropiadas en el trabajo.

Al observar los resultados de esta encuesta, no se puede negar que todavía hay muchos prejuicios contra los tatuajes y los piercings, sea justo o no. Hay que señalar que la edad de las personas es un factor significativo en la forma en que se perciben los tatuajes y las perforaciones. Como se puede adivinar, los grupos de mayor edad tienen una percepción más negativa de los tatuajes y las perforaciones; los grupos de menor edad son más tolerantes.

Las personas que tienen una percepción negativa de los tatuajes y las perforaciones son propensas a pensar que las personas que tienen estos tatuajes y perforaciones son, entre otras cosas, menos inteligentes (el 27% de los encuestados pensó que las personas con tatuajes y perforaciones eran menos inteligentes que las personas sin tatuajes y perforaciones), menos atractivas (45%) y más rebeldes (50%). Desafortunadamente, las percepciones de las mujeres con tatuajes y perforaciones son aún peores que las percepciones de los hombres. Mientras que algunas personas perciben a los hombres con tatuajes como más masculinos, más dominantes y más agresivos, las mujeres con tatuajes son percibidas como menos honestas, menos motivadas, menos generosas y menos creativas, entre otras cosas. Estas percepciones negativas son, sin duda, una carga injusta para un candidato cualificado. Enumero estas suposiciones aparentemente injustas sólo para que puedas ver con qué percepciones estás lidiando si eres alguien que tiene tatuajes o perforaciones. Puede que seas un candidato perfectamente calificado para un puesto de trabajo, pero puede que seas estigmatizado o categorizado por tener tatuajes o perforaciones.

Para decidir si debes ocultar tus tatuajes en una entrevista o permitir que se vean, aquí tienes algunos factores posibles:

1) Considera la industria y la posición a la que estás aplicando. Si vas a estar cara a cara con los clientes en ese puesto, es muy posible que tengas que cubrir tus tatuajes y deshacerte de los piercings. Los puestos como representantes de servicio al cliente cara a cara, vendedores al por menor y cajeros de banco son todos los puestos en los que vas a trabajar con el público de forma continua y, como resultado, tu empleador puede no permitirte que tus tatuajes y perforaciones sean visibles.

2) Investiga y considera la cultura de la empresa. Como se mencionó anteriormente, algunas empresas incluso tienen políticas

de empresa contra los tatuajes y los piercings. Si es así, vas a tener que tomar una decisión sobre la importancia de exhibir tus tatuajes y perforaciones, tanto en la entrevista como en el trabajo, si consigues el empleo. Si eres inflexible en cuanto a no ocultar tus tatuajes o perforaciones y si la compañía que te interesa tiene una política contra los tatuajes o perforaciones, debes saber que esto puede afectar tu interés en trabajar para esa compañía o su interés en contratarte. En otras palabras, puede ser un factor de ruptura.

3) Escóndelos en la entrevista y pregunta después. Si no estás seguro de cuál es la postura de la empresa con respecto a los tatuajes y piercings al entrar en la entrevista, probablemente sea mejor esconderlos (si es posible) para la entrevista. Si tienes tatuajes en tus brazos que pueden ser simplemente cubiertos con una camisa de manga larga, entonces cúbrelos para la entrevista; y si parece que el entrevistador tiene más interés en ti como candidato, siempre puedes preguntarle si hay una política de la compañía con respecto a los tatuajes o piercings. Si tienes tatuajes que no puedes cubrir, como tatuajes en tus dedos o en un lado de tu cara, seguramente tendrás que mencionarlo en la entrevista, ya que es poco probable que puedas cubrirte la cara o las manos en la mayoría de los empleos que solicites. Siempre que hablemos de tatuajes en este capítulo, por favor, ten en cuenta que presumo que los tatuajes que tienes no son ofensivos. Si tienes tatuajes que van a ser ofensivos para tus compañeros de trabajo o clientes, es un escenario totalmente diferente y es posible que descubras que esos tatuajes pueden prohibirte conseguir un trabajo y que tengas que alterarlos o quitártelos antes de que puedas conseguirlo.

4) No dejes que tus tatuajes o piercings sean una distracción en una entrevista. Cuando te entrevisten para un trabajo, es de esperar que tus talentos y habilidades sean los principales determinantes para conseguir el trabajo o no. Teniendo esto en cuenta, no querrás que tus tatuajes o perforaciones sean una

distracción en la entrevista. Conseguir un gran trabajo puede ser bastante difícil sin que tus tatuajes resten valor a las razones por las que eres la persona adecuada para el trabajo.

En resumen, por favor no olvides que siempre animo a la gente a ser ellos mismos cuando se entrevistan. No puedo decirte si debes ocultar tus tatuajes o piercings o si debes permitir que sean visibles. Tendrás que tomar esa decisión tú mismo. Sin embargo, sí quise armarte con alguna información y recordarte que algunas personas todavía tienen un prejuicio en contra y una percepción negativa de los tatuajes y piercings. Dependiendo de la compañía con la que te entrevistes y del puesto que solicites, tendrás que determinar si el hecho de exhibir tus tatuajes y perforaciones inhibirá tus posibilidades de conseguir un trabajo en el que estés interesado. Y también tendrás que determinar si los tatuajes o perforaciones te prohibirán hacer el trabajo en sí. Si la compañía tiene una política contra los tatuajes visibles, ¿estarás dispuesto a cubrir tus tatuajes todos los días? Si estás realmente interesado en el trabajo y no tienes problemas para esconder tus tatuajes y disimular tus piercings, entonces te recomiendo que los escondas durante la entrevista. Luego, si tú y el posible empleador tienen más interés en la vacante, deberías averiguar cuál es la política de la compañía con respecto a la exhibición de estas marcas.

Capítulo 3—Prepárate Como Un Campeón

Al prepararse para una entrevista, es importante que te prepares para esa entrevista tanto como sea posible. La preparación es una excelente manera de superar cualquier ansiedad que puedas tener al entrar en una entrevista. Si te has preparado adecuadamente, te darás la mejor oportunidad de conseguir el trabajo.

Cómo Vencer La Ansiedad Y El Nerviosismo.

En primer lugar, déjame decirte que es normal sentirse nervioso o tener algunas mariposas al entrar en una entrevista. Después de todo, esa entrevista puede ser la clave de tu futuro y no debes ignorar el hecho de que puede ser el siguiente paso en tu carrera o en tu vida. Así que no dejes que el hecho de que tengas algo de ansiedad te alarme. Es algo natural.

Con esta sección del libro, voy a darte algunas sugerencias sobre cómo puedes conquistar tu ansiedad mientras te preparas para la entrevista y también en la entrevista misma. La mayoría de mis sugerencias girarán en torno a la preparación. Si te preparas adecuadamente para la entrevista, te darás la oportunidad de superar la entrevista y conseguir una oferta de trabajo.

Mis primeras recomendaciones son comer y dormir. Debes asegurarte de estar bien descansado antes de ir a una entrevista. Duerme bien esta noche. Además, deja la cafeína, ya que sólo aumentará tu ansiedad. Nada de café con cafeína, ni refrescos con cafeína. Y, obviamente, no bebas alcohol antes de una entrevista. Esto incluye no beber demasiado la noche anterior a la misma. También sugiero que comas algo o tomes un snack ligero antes de ir a una entrevista. Tuve una clienta que entró en una entrevista con el estómago vacío y, como resultado, su estómago estuvo gruñendo fuertemente durante toda la entrevista. Estaba tan avergonzada que no podía concentrarse en la entrevista. En una historia de horror similar, tuve otro cliente que comió una comida grasosa antes de su entrevista y, como resultado, tuvo que pedir usar el baño en medio de la entrevista. En la misma línea, también he tenido clientes que me han dicho que las comidas pesadas que comieron antes de las entrevistas les dieron sueño durante la entrevista. Por lo tanto, el resultado final es que tienes que prestar atención a lo que comes y bebes antes de una entrevista.

Otra forma de reducir la ansiedad por tu entrevista será asegurarte de que llegas a tiempo, suponiendo que se trata de una entrevista cara a cara. Si llegas justo antes de una entrevista, puedes aumentar tu ansiedad. Si llegas tarde, es posible que se te elimine de la oportunidad de trabajo incluso antes de que comience la entrevista. Y, si por casualidad, te das cuenta de que vas a llegar tarde a la entrevista, tienes que llamar a la persona con la que se suponía que te ibas a reunir y decirle que vas a llegar tarde. Te sorprendería saber cuánta gente llega tarde a las entrevistas sin informar a la persona con la que se va a reunir. Si no estás exactamente seguro de cómo llegar al lugar donde se realiza la entrevista, asegúrate de averiguar cómo llegar. Utiliza MapQuest o alguno de los otros sitios de Internet para obtener direcciones de conducción o utiliza el sistema GPS de tu teléfono para guiarte y asegurarte de que tienes tiempo para posibles retrasos en el tráfico. Si el clima es un problema y está creando malas condiciones de conducción, te sugiero que te pongas en contacto con el entrevistador antes de que te dispongas a conducir hasta allí; luego mantenlos informados sobre tu progreso si algo cambia a medida que te diriges hacia su ubicación. Si el trabajo es lo suficientemente importante para ti, y el lugar no está muy lejos, he tenido clientes que han hecho viajes de prueba en los días previos a la entrevista. Pero si estás haciendo una prueba, asegúrate de tener en cuenta la hora del día y los diferentes niveles de tráfico durante esa hora del día. He tenido clientes que hicieron sus pruebas durante horas no laborables y luego cuando viajaron al lugar de la entrevista durante la hora pico, el tiempo de tránsito fue mucho más largo y se dieron cuenta de que no habían previsto suficiente tiempo de tránsito.

Otra forma de reducir la ansiedad de las entrevistas es planear con anticipación lo que vas a vestir, por lo menos un día antes. He tenido clientes que han esperado hasta la mañana de la entrevista para decidir lo que se van a poner, sólo para descubrir que el traje que planeaban usar tenía una mancha o estaba cargado de pelo de mascota, la camisa o blusa que planeaban usar tenía más arrugas que un perro Shar-pei, o los zapatos que planeaban usar necesitaban ser pulidos. Si estás corriendo por ahí tratando de planear tu vestuario el día de la entrevista, seguramente estarás aumentando tu ansiedad.

También es importante que hagas tu tarea con respecto a la compañía con la que te estás entrevistando, especialmente si no estás familiarizado con ella. Internet nos ofrece a todos la posibilidad de investigar las empresas desde nuestros dormitorios. Si no has visitado la página web de la compañía con la que te vas a entrevistar, tienes que hacerlo. Además, por favor usa Google u otro motor de búsqueda para ver si hay algún artículo reciente que proporcione información sobre la compañía. Tuve un cliente que, al investigar la compañía con la que se iba a entrevistar, descubrió que la compañía estaba teniendo algunos problemas financieros serios de los que no estaba enterada. Aunque esta información no la desanimó a seguir adelante, ciertamente le dio algunas preguntas para hacer durante la entrevista. Otra forma de conocer las compañías con las que te estás entrevistando es solicitando información personal. ¿Conoces a alguien que trabaje para esa compañía o que haya trabajado para ella en el pasado? ¿Conoces a alguien que trabaja para un competidor de la compañía con la que te estás entrevistando? Al solicitar información personal e incluso al buscar información en Internet, yo siempre advierto a la gente que tome sus hallazgos con "un grano de sal". La información que recibas podría ser inexacta o estar contaminada, pero sin embargo debería al menos darte algo en que pensar y posiblemente alguna información o preguntas que te ayuden en tu entrevista.

Otra forma de reducir tu ansiedad es prepararte para la entrevista misma. Primero, asegúrate de tener todos los materiales necesarios para llevar contigo a la entrevista: currículum, copia de tu carta de presentación, lista de referencias, portafolio con muestras de tu trabajo, certificaciones, licencias, tarjetas de presentación y, por supuesto, un bolígrafo y un bloc de notas. Nuevamente, presta atención a los detalles en los materiales que reúnas. Sin manchas de café o refrescos en su currículum, sin bolígrafos que tú o tu perro hayan masticado, etcétera. Tú entiendes.

Además, al prepararte para una entrevista, puedes reducir tu ansiedad al determinar algunas de las preguntas que quieres hacer antes de la entrevista. Si crees que existe la posibilidad de que no recuerdes las preguntas que quieres hacer, escríbelas en una hoja de papel y llévala contigo a la entrevista.

¿Tienes algún amigo o pariente con el que puedas practicar la entrevista? Si es así, puede que te resulte muy útil realizar un simulacro de entrevista. Dale a tu amigo algunas preguntas para que te las haga basándose en las preguntas que crees que te harán durante la entrevista misma. Las personas que hacen entrevistas simuladas antes de sus entrevistas reales parecen beneficiarse inmensamente de la práctica de formular y dar respuestas a las posibles preguntas. No hay duda de que esta práctica aumenta la confianza en el momento de la entrevista.

Al entrar en una entrevista, puede que te resulte beneficioso "salir de ti mismo" y de los pensamientos de la entrevista en sí. Algunas personas encuentran esto extremadamente útil, ya que disfrutan cada parte del proceso de la entrevista. . Saludan e involucran a la recepcionista, saludan brevemente a las personas que pasan por el camino a la sala de entrevistas, preguntan al entrevistador cómo le va el día, se concentran en recordar los nombres de las personas que conocen, se centran en un firme apretón de manos y en el contacto visual, etcétera. En otras palabras, dividen cada parte del proceso de la entrevista en un evento separado y, como resultado, es mucho más fácil para ellos relajarse y deshacerse de cualquier ansiedad que puedan estar sintiendo.

En la propia entrevista, siempre animo a la gente a "ir más despacio". Cuando nos ponemos ansiosos, tendemos a apresurar las cosas y eso puede llevar a resultados indeseables. Tengo un amigo que es entrenador de baloncesto juvenil y durante los grandes momentos de los partidos, cuando sus jugadores pueden estar experimentando ansiedad, siempre les dice que vayan más despacio. Lo mismo ocurre con las entrevistas. Si tienes ansiedad y el entrevistador te hace una pregunta, en lugar de soltar la respuesta, ve más despacio y tómate un tiempo para pensar en cómo quieres responder a la pregunta. Eso debería ser útil para reducir tu ansiedad.

En este sentido, debes tener en cuenta que algunos entrevistadores intentarán coger a los solicitantes con la guardia baja bombardeándolos a preguntas. Para los solicitantes con ansiedad, esto realmente puede desorientarlos. Si esto te pasa a ti, debes entender por qué el entrevistador puede estar haciendo esto y también debes entender que él o ella probablemente esté usando la misma táctica con otros candidatos. Los entrevistadores a veces interrogan a los candidatos para saber cómo reaccionará el candidato ante el estrés. Si sabes de antemano que este es un enfoque utilizado por algunos entrevistadores, sentirás mucha menos ansiedad sabiendo cuál es la motivación y sabiendo que probablemente todos los candidatos están siendo tratados de la misma manera.

Y finalmente, otra forma de reducir tu ansiedad en una entrevista es hacerle algunas preguntas al entrevistador y dejar que responda. "Pon el reflector sobre ellos", en otras palabras. Con suerte, tendrás algunas preguntas preparadas de antemano y también podrás formular otras preguntas durante la entrevista. Descubrirás que tendrás muchas más posibilidades de conseguir el empleo si puedes convertir la entrevista de un monólogo a una conversación de dos vías. No sólo tendrás menos ansiedad, sino que también descubrirás que la entrevista se siente mucho mejor si se trata de una conversación en lugar de un interrogatorio.

Nueve Cosas Que Debes Investigar Para Tu Entrevista.

La investigación es una gran parte de la preparación para cualquier entrevista. Si quieres darte la mejor oportunidad de conseguir el trabajo, te asegurarás de que has investigado el puesto que estás solicitando y la empresa correspondiente.

1) Acerca de la Compañía. Te sorprendería saber cuántos solicitantes de empleo no saben mucho sobre la compañía con la que se están entrevistando. Cuando el entrevistador te pregunta qué sabes sobre la empresa y tú respondes: "Bueno, mi cuñado me dijo que es un gran lugar para trabajar", eso no va a ser suficiente. En realidad, tendrás que saber algo más sobre la empresa en la que esperas trabajar. Internet y Google facilitan mucho la tarea de los solicitantes de empleo a la investigación de empresas. Casi todas las empresas tienen sitios web y puedes aprender mucho sobre ellas navegando por sus sitios web. Por lo general, se pueden obtener noticias recientes, la historia de la empresa e incluso la cultura de la empresa en un sitio web. La mayoría de los sitios web tienen una página "Acerca de nosotros" que imparte cierta información sobre la empresa. Algunos sitios web tienen enlaces a sus blogs o boletines de noticias. Puedes

aprender mucho sobre la mayoría de las empresas al examinar esta información. Del mismo modo, también utilizaría Google para obtener información adicional sobre la empresa con la que te vas a entrevistar. Debes recordar que a veces los sitios web de las empresas ofrecen una imagen rosada de la empresa, que es contraria a lo que puedes encontrar en la búsqueda de artículos o reseñas en Google. Una vez más, debo recordarte que debes estar preparado para tomar esta información "con un grano de sal". Por ejemplo, si te interesa trabajar en un restaurante determinado y encuentras un artículo que destroza ese restaurante en Google, toma ese artículo con un grano de sal. Podría ser un caso en el que alguien está en una guerra y tiene un hacha para arremeter contra ese restaurante. Por otro lado, si ves quejas repetidas contra ese restaurante o cualquier otra empresa, probablemente puedas presumir que tienen un problema en esa área.

2)		Cultura Corporativa/de la Empresa. Si lees entre líneas en la página web de la empresa o en los blogs o boletines de noticias de la empresa, deberías poder hacerte una idea de la cultura corporativa. Si un boletín describe el picnic anual de la compañía y muestra muchas familias con niños, eso podría significar que es una compañía que valora a sus empleados y a sus familias. Si una compañía está involucrada en muchas actividades caritativas externas (recaudando dinero para el hospital infantil local, construyendo y reparando casas como parte de Hábitat para la Humanidad, etcétera), entonces puedes suponer que la cultura de la compañía incluye trabajo caritativo en la comunidad. Si los boletines informativos se refieren a los equipos de softball de la compañía, a las salidas corporativas, o a las sesiones o retiros de planificación corporativa, tienes un vistazo adicional a la cultura de la compañía. También puedes encontrar más información sobre una compañía y su cultura viendo sus cuentas de redes sociales, incluyendo plataformas como Facebook, Twitter, Instagram y LinkedIn.

3)		Historia de la Empresa. Es bueno que puedas reunir

alguna información sobre la historia de la empresa. Tal vez descubras que la compañía fue iniciada por un par de compañeros de universidad en un dormitorio o que el primer restaurante de comida rápida de la compañía se inició en el sur de California. Cualquier información que encuentres puede darte una mejor indicación de la procedencia de la compañía y cómo se relaciona con lo que es ahora. Y no dudes en "soltar" algo de la información que averigües en tu conversación de entrevista cuando sea apropiado. No afectará tus posibilidades si el entrevistador sabe que te tomaste un tiempo para hacer tu tarea.

4) Los Jugadores Clave. Al investigar un posible empleador, debes determinar quiénes son los actores clave. Ya sea que se trate del fundador, el propietario, el actual director ejecutivo o los jefes de departamento, te conviene averiguar todo lo que puedas sobre los actores clave de la empresa. Como ejemplo, tengo un cliente que ha estado en la carrera de marketing de restaurantes por un par de décadas. Cuando investiga la próxima empresa en la que le gustaría trabajar, una de las primeras cosas que hace es comprobar cuáles son los antecedentes de los principales actores. ¿Tienen todos ellos antecedentes en restaurantes o algunos de ellos tienen antecedentes no relacionados con los restaurantes? ¿Son los jugadores clave en su mayoría jóvenes o son mayores? Al leer las biografías de una de sus empresas objetivo recientes, mi cliente determinó que dos de los peces gordos de la empresa tenían la misma alma mater universitaria que él. También descubrió que varios de ellos estaban muy interesados en el golf como hobby. Mi cliente tomó nota de esto, ya que también era un ávido golfista. Y más tarde, cuando se presentó la oportunidad, mencionó su amor por el golf en una entrevista y eso llevó a una conversación con el gerente de contratación, que también era un ávido golfista. El resultado final es que mi cliente investigó a los jugadores clave de la compañía en la que estaba interesado en trabajar y utilizó la información que obtuvo en su beneficio, encontrando puntos en común con la persona que hizo la entrevista y

algunos de los ejecutivos clave de la compañía. Con el conocimiento de que su alma mater era la misma que la de un par de ejecutivos y que uno de sus pasatiempos favoritos era el mismo que el de algunos de los ejecutivos de la empresa, pudo establecer un terreno común y darles la indicación de que encajaría con la empresa y sus ejecutivos.

5) El Entrevistador. Con suerte, podrás obtener el nombre de la persona que te va a entrevistar y podrás hacer una rápida investigación sobre ella. Si el entrevistador no aparece en la página web de la empresa, puedes comprobar las plataformas de medios sociales y Google para ver si puedes encontrar una presencia. Una vez más, no quieres exagerar con esto, sin embargo, es posible que encuentres "puntos en común" entre tú y tu entrevistador con la información que puedas encontrar.

6) Competidores de la Empresa. La mayoría de las empresas tienen competidores y puede ser útil que averigües quiénes son esos competidores y cómo pueden afectar a la posición de la empresa.

7) Noticias, Eventos Recientes. Parte de esto probablemente debería estar en la sección Acerca de la Empresa, pero también es lo suficientemente importante como para tener su propia sección o mención. Puedes usar el Internet para encontrar todo tipo de información sobre la compañía con la que te vas a entrevistar. Los artículos de noticias recientes, blogs o boletines de noticias pueden informarte sobre los nuevos productos que están introduciendo, los nuevos servicios que están ofreciendo, una nueva sucursal o ubicación que están abriendo, su expansión en otros países, etcétera. Dado que algunas de estas noticias pueden estar relacionadas con el puesto de trabajo que estás solicitando, esta información puede ser muy útil para determinar por qué la empresa tiene la vacante.

8) Reseñas. Al igual que buscas noticias e información sobre la empresa con la que te vas a entrevistar, también deberías consultar las reseñas. Esto se puede hacer a menudo simplemente en Google

indicando el nombre de la empresa y luego poniendo la palabra "reseñas" detrás de ella. (es decir, reseñas de XYZ). Puede que te sorprenda lo que encuentres en las reseñas. Por ejemplo, el hijo de mi vecino estaba buscando un trabajo de verano entre su primer y segundo año de universidad. Quería trabajar en el comercio minorista y tenía en mente una cadena minorista específica. Antes de enviar su solicitud a la compañía que quería, buscó reseñas para esta compañía en Internet. Se sorprendió al descubrir que la compañía en la que había estado interesado era conocida por pagar a sus empleados menos que muchos otros tipos de venta al por menor y una serie de críticas de ex empleados revelaron algunas razones por las que probablemente no era el gran lugar de trabajo que él pensaba que podría ser. Así que, en su situación particular, las críticas de investigación resultaron ser muy útiles para este joven y terminó trabajando para otro minorista de mayor paga.

9)   Detalles Exclusivos. En la misma línea de las reseñas mencionadas anteriormente, puedes obtener primicias adicionales sobre los posibles empleadores buscando en Internet. Glassdoor.com es un sitio que puede proporcionar información interna sobre muchas empresas. La información proporcionada incluye cifras de salario, funciones de los empleados, revisiones de la empresa, el proceso de contratación y otros detalles que puede utilizar a su favor para posicionarse por encima de otros candidatos para el mismo trabajo.

Una vez más, me gustaría enfatizar la importancia de hacer tu tarea en la investigación de posibles empleadores. Al hacerlo, buscas información que te coloque por encima de los otros candidatos que buscan el mismo trabajo. Al investigar posibles empleadores, siempre les recuerdo a los clientes que no deben ignorar información aparentemente sin importancia. Como se mencionó anteriormente en algunos de los ejemplos anteriores, podrías usar información sin importancia como, por ejemplo, los conocimientos universitarios o el amor por el golf como pasatiempo para establecer un terreno común con la persona con la que te entrevistas, o con la empresa para la que quieres trabajar. En el peor de los casos, al menos podrás demostrarle a tu posible empleador que te has tomado el tiempo para investigar su compañía. En el mejor de los casos, la información que encuentres puede ser un elemento clave para ayudarte a demostrar que eres un buen candidato para el trabajo que estás solicitando.

Otras Formas Vitales De Prepararte Para Tu Entrevista De Trabajo.

Aquí hay algunos consejos adicionales que puedes usar para prepararte para tu entrevista de trabajo:

Asegúrate de practicar tus respuestas a las preguntas más comunes de la entrevista. La mayoría de las entrevistas contienen la pregunta "Háblame de ti" de alguna manera, así que definitivamente debes tener una respuesta preparada para esa pregunta. Una pregunta común que ha sido la caída de muchos solicitantes de empleo, es la pregunta "Describa su mayor debilidad". Esta es una pregunta difícil que necesita ser manejada apropiadamente. Probablemente no querrás decir que no tienen alguna debilidad, ya que eso puede resultar arrogante. Y no querrás pasar un largo tiempo describiendo tus debilidades, ya que sin duda te servirá más si dedicas tiempo a tus fortalezas. Cuando mis clientes me preguntan cómo deben manejar esta cuestión, les digo que enumeren una debilidad específica, pero que también expliquen cómo están trabajando para superar la debilidad. Por ejemplo, tengo un cliente que es algo tímido, al menos hasta que la gente lo conoce. Está en una posición de relaciones públicas, por lo que sus trabajos han implicado a menudo hablar delante de grupos de personas. Nunca se ha sentido cómodo con esto, sin embargo, ha trabajado para llegar a dominarlo. Por lo tanto, cuando el entrevistador le preguntó cuál era su mayor debilidad, respondió: "Nunca me he sentido realmente cómodo hablando frente a grupos. Sin embargo, he trabajado duro en ello. Me he unido a Toastmasters y me he ofrecido como ponente o presentador invitado en varias funciones de la industria. Ahora me siento mucho más cómodo hablando delante de los grupos y sigo trabajando para mejorar, pero he mejorado considerablemente desde que me di cuenta de que tenía algunas deficiencias como orador público. Ahora estoy al punto de que ya no lo considero una debilidad".

Otra pregunta que es probable que te hagan de una forma u otra es: "¿Por qué te interesa este puesto?" o "¿Por qué te interesa trabajar en nuestra empresa?" Una vez más, deberías tener una respuesta ensayada y pulida a esta pregunta. Al responder a la pregunta, es importante enfatizar lo que puedes hacer por la empresa y lo que puedes aportar en lugar de lo que la empresa puede hacer por ti.

Al prepararse para una entrevista, te sugiero seriamente que practiques la respuesta a las diferentes preguntas que se pueden hacer. Y practica tus respuestas en voz alta. Una cosa es tener una respuesta dentro de tu cabeza, pero otra cosa es escuchar cómo suena esa respuesta cuando la expresas en voz alta. Tengo un cliente que me dice que a veces practica sus respuestas en la ducha, en lugar de cantar. Otras personas se pondrán de pie frente a los espejos mientras practican cómo responder a las preguntas. Si tienes un amigo o pariente, o incluso un perro leal, que se ofrecerá como voluntario para ser un oyente dispuesto a escuchar mientras practicas tus respuestas, eso será aún mejor. He visto los resultados que las entrevistas simuladas y la práctica de respuestas pueden producir y recomiendo enérgicamente que incluyas esto en tu arsenal de preparación de entrevistas.

También animo a la gente a preparar algunas preguntas para responder durante la entrevista. Y luego, con suerte, durante la entrevista, podrás hacer algunas preguntas adicionales a tu entrevistador. Está bien anotar estas preguntas en un cuaderno y llevarlas a la entrevista. Pero asegúrate de que sigues participando en la entrevista y de que escuchas la información que te da el entrevistador. No querrás estar haciendo preguntas por información que el entrevistador ya ha proporcionado.

También le digo a la gente que prepare un kit de especial para llevar a la entrevista. Esto incluye currículum, una copia de tu carta de presentación, una copia de la oferta de trabajo, muestras de trabajos anteriores que te gustaría mostrar, licencias y certificaciones, y una lista de referencias comprobadas. Cuando digo "comprobadas", estoy firmemente asumiendo que ya has compilado una lista de referencias personales y profesionales con las que te has puesto en contacto y que han accedido a responder por ti. Te sorprendería saber cuánta gente lista las referencias sin siquiera informarles que han sido incluidas como referencia.

Tu kit de entrevista debe incluir por lo menos cinco o seis currículos, ya que nunca puedes estar seguro de cuántas personas conocerás durante el proceso de entrevista. Y no olvides incluir cosas como servilletas o pañuelos de papel, mentas o spray para el aliento, un palillo para manchas, un quita pelusas e incluso un paraguas. En otras palabras, prepárate.

Si vas a llevar un bolso a tu entrevista, asegúrate de que esté limpio y de que sólo lleves lo esencial que necesites para la entrevista. Si necesitas que alguien te ayude a llevar tu bolso a la sala de entrevistas porque es muy pesado, no lo has limpiado lo suficiente. Es una broma.

Y siempre lleva contigo un cuaderno y un bolígrafo a la entrevista. Ese cuaderno puede incluir cualquier nota o pregunta que hayas preparado para la entrevista, pero también puedes usarlo para tomar notas y anotar cualquier pregunta que tengas durante el proceso de la entrevista. Nuevamente, es importante que si vas a tomar notas durante una entrevista, no te excedas. No querrás pasar todo el tiempo mirando a tu cuaderno de notas cuando deberías estar haciendo contacto visual y relacionándote con el entrevistador. Con las notas que lleves a cualquier entrevista debes estar lo suficientemente familiarizado, para no tener que referirte a ellas constantemente. Y ciertamente no querrás leer esas notas al pie de la letra. También les digo a los clientes que simulen ser un locutor de televisión, que miren sus notas de vez en cuando, pero que pasen casi todo el tiempo mirando al entrevistador y comunicándose con él. Y sí, el contacto visual es extremadamente importante. Cuando se conoce a alguien y se entrevista a alguien, es necesario mirarle a los ojos. Cuando era gerente de contratación, consideraba esto como algo absolutamente necesario. Las personas que no me miraban a los ojos cuando me reunía con ellos por primera vez ya habían perdido puntos conmigo.

El lenguaje corporal es importante. Párate derecho, siéntate derecho y actúa interesado. No te encorves ni te desplomes.

Por último, si eres una persona para la que la conversación o el discurso no se da con fluidez, te sugiero que crees una frase que puedas utilizar para llenar el espacio mientras te preparas para responder a las preguntas de la entrevista. Algunas personas simplemente repetirán la pregunta. Por ejemplo, cuando se les pregunte por qué están interesados en trabajar para la empresa con la que se están entrevistando, usarán esa pregunta para hacer la transición a su respuesta. "¿Por qué estoy interesado en trabajar para la Compañía XYZ? Bueno, entre otras cosas, me encanta la industria y, con mi experiencia y mi entusiasmo, creo que podría aportar mucho". O, podrías responder diciendo: "Esa es una gran pregunta. Tendría que decir que entre las razones por las que me gustaría trabajar para la Compañía XYZ están el hecho de que..." Ya te lo imaginas. Si la conversación o la respuesta a las preguntas no te resultan fáciles, utiliza algunas frases de ayuda para llenar el vacío mientras organizas tus pensamientos.

Si quieres darte la mejor oportunidad de tener éxito en una entrevista, debes asegurarte de prepararte para ella. En la mayoría de los casos, estarás compitiendo por puestos de trabajo contra candidatos que seguramente harán sus deberes al prepararse para la entrevista. Tendrás que asegurarte de que puedes igualar o superar sus esfuerzos si vas a conseguir el trabajo para el que te estás entrevistando.

Capítulo 4—Preguntas y Respuestas

Al entrar en una entrevista, nunca puedes estar seguro de qué tipo de preguntas te van a hacer. Para ayudarte en este proceso, voy a usar mi experiencia como consejero de carrera y te daré algunas preguntas comunes y otras más difíciles y desafiantes que te podrían hacer en tus entrevistas. Aunque no podré darte las preguntas exactas que te harán, las preguntas que he descrito deberían darte una buena idea de lo que te pueden preguntar en una entrevista.

10 Preguntas De Entrevista Comunes Y Cómo Superarlas.

Junto con las preguntas comunes que te podrían hacer, he enumerado algunos consejos sobre cómo podrías responder. Aunque obviamente querrás dar tus propias respuestas, los consejos que te he dado deberían darte algunas ideas sobre cómo podrías responder a las preguntas.

1) *"Háblame de ti"*. Esta es una pregunta muy común, a menudo utilizada cerca del comienzo de una entrevista. Con esta solicitud, el entrevistador intenta obtener una visión general rápida de quién eres y asegurarse de que encajas bien en la oferta de trabajo. Si te preparas para responder a cualquier pregunta común de la entrevista, esta es la pregunta que definitivamente debes practicar respondiendo, una y otra vez. Es una pregunta importante y, dado que casi siempre aparecerá cerca del comienzo de cualquier entrevista, querrás tratar de establecerte inmediatamente como un candidato formidable; preferiblemente como un candidato que se

presenta por encima de los otros candidatos. Al responder a la pregunta, debes proporcionar una visión general de tu puesto actual y luego dar información sobre cómo se relaciona tu puesto actual con el puesto al que te estás presentando. Además, proporciona cualquier otro aspecto destacado de tu carrera o antecedentes que se relacione con el trabajo que estás solicitando. Y, está bien que incluyas algunos detalles personales que puedan ayudar al entrevistador a recordarte y a separarte de los otros candidatos, por ejemplo: "Y cuando no estoy trabajando, me encanta pasar tiempo con mi familia. Este verano voy a entrenar al equipo de softball de mi hija de nueve años. Me encanta".

2) *"¿Cómo te describirías a ti mismo?"* Cuando hacen esta pregunta, no buscan tu altura, tu peso y tu color de ojos. Proporciona una respuesta que coincida con las cualidades y habilidades que dijeron que están buscando en la descripción de su trabajo. Si una de las palabras clave en su anuncio de trabajo se refería a alguien que puede liderar un equipo de empleados, debes asegurarte de mencionar que eres un excelente líder, alguien que se comunica bien, que disfruta liderando un equipo y que es bueno en ello. Si su anuncio de trabajo menciona que están buscando a alguien que pueda llevar un proyecto de principio a fin sin mucha supervisión, menciona el hecho de que puedes tomar un proyecto y llevarlo a cabo en tu respuesta. Ofrece sólo descripciones positivas; trata de correlacionar la descripción de ti mismo con las cualidades que parecen estar buscando en un candidato.

3) *"¿Por qué quieres trabajar aquí?"* Esta pregunta te ofrece la oportunidad de demostrar que has hecho tu tarea y tu investigación. Con tu respuesta, puedes señalar cómo los productos, servicios, historia o cultura de la compañía se relacionan con tus

intereses. Por ejemplo, cuando mi hija, estudiante universitaria, solicitó un puesto de temporada en una librería, le hicieron esta pregunta y ella respondió de la misma manera: "Me encantan los libros, me encantan las librerías, me encanta contarle a la gente sobre los buenos libros y me encanta ayudar a la gente. Me ha encantado venir aquí como cliente con mis padres desde que era una niña y me gusta la forma en que este lugar hace que los clientes se sientan valorados y bienvenidos. La gente que trabaja en esta tienda siempre es muy servicial. Quiero ser una de esas personas". En mi opinión, esta fue una respuesta estupenda, ya que decía exactamente por qué quería trabajar allí. Es cierto que estaba solicitando un puesto básico de venta al por menor, por lo que no entró en muchos detalles sobre lo que podía aportar más allá de una actitud útil de "puedo hacerlo", pero es una estudiante universitaria y no tiene mucha experiencia laboral. Si está solicitando un puesto de mayor nivel, puede usar referencias más tangibles y menos emocionales sobre por qué quiere trabajar allí.

4) *"¿Qué es lo que más te interesa del trabajo que estás solicitando?"* Esta pregunta te ofrece la oportunidad de decir cómo tus habilidades, tu experiencia o tu actitud coinciden con lo que están buscando. Una vez más, te recuerdo que debes pensar en lo que puedes ofrecer a la empresa con esta respuesta en lugar de lo que ellos pueden ofrecerte.

5) *"¿Por qué quieres dejar tu trabajo actual?"* Al responder a esta pregunta, no es el momento de atacar a tu compañía actual o a tu posición actual. No es el momento de sacar la toalla de llorar o el hacha para moler. No te centres en los aspectos negativos de tu empresa o posición actual. En cambio, enfócate en las oportunidades o en los aspectos positivos que el nuevo trabajo te ofrecería.

6) *"¿Qué te apasiona?"* Otra oportunidad para relacionar tus intereses y pasiones con lo que el futuro empleador está buscando. Nuevamente, regresa al anuncio de trabajo original y agrega cualquier otra información que hayas aprendido sobre el puesto para el que te estás entrevistando y formula una respuesta que muestre cómo tus intereses y pasiones encajan con lo que están buscando en un empleado.

7) *"¿Cuáles son tus mayores fortalezas?"* Esta es una oportunidad para que te pongas a tocar tu propia trompeta. Una vez más, tu respuesta debe estar relacionada con las cualidades que buscan encontrar en un nuevo empleado. Por ejemplo, si están buscando a alguien que pueda crear e implementar introducciones de nuevos productos, podrías responder: "Me encanta desarrollar campañas de nuevos productos y soy bueno en ello. Lo he hecho en mi empresa actual y nuestras presentaciones de productos siempre han sido muy exitosas. Puedo llevar una introducción desde la fase de idea hasta la fase de implementación y puedo hacerlo sin mucha supervisión. Me considero un experto en el desarrollo de introducciones de productos y creo que eso es definitivamente algo que puedo aportar en la posición que usted ofrece".

8) *"¿Cuáles son tus mayores debilidades?"* Ya hemos descrito esta pregunta en detalle anteriormente en este libro, pero te recordaré de nuevo que es un poco una pregunta trampa, ya que no querrás pasar mucho tiempo centrándote en tus deficiencias cuando sería más beneficioso enfocarte en tus fortalezas. Probablemente no sea prudente que respondas que no tienes debilidades, ya que eso se verá como algo arrogante y engreído. Por lo tanto, con la respuesta

que des, idealmente darás un ejemplo de una debilidad legítima que tienes, pero luego le dirás al entrevistador cómo has trabajado para corregir esta debilidad. ¿Eres una persona que no puede decir "no" y que asume demasiadas cosas? Si es así, puedes señalar con tu respuesta que has aprendido a decir "no", has aprendido a delegar o has aprendido a pedir ayuda a tu equipo. ¿Eres alguien que prefiere hacer las cosas por sí mismo en lugar de delegarlas a un compañero de trabajo que tal vez no pueda hacerlas también? En caso afirmativo, explica cómo has trabajado para superar esta debilidad. Tal vez hayas hecho un esfuerzo más concentrado para educar al empleado al comienzo del proyecto o tal vez te reúnas con el empleado un par de veces a la semana durante todo el proyecto para asegurarte de que está progresando según lo planeado. De cualquier manera, sea cual sea la debilidad que le reveles al entrevistador, debes asegurarte de decirle cómo has trabajado para rectificar esa deficiencia.

9) *"¿Cuáles son tus metas para el futuro? ¿Dónde quieres estar en cinco años?"* No soy un gran fan de estas preguntas, pero sin embargo se hacen a menudo. Al hacer cualquiera de estas preguntas, un gerente de contratación probablemente esté haciendo una de dos cosas: Probablemente están tratando de averiguar si planeas quedarte por un tiempo o quieren saber cómo su compañía o su posición encajan en tus objetivos a largo plazo. Por lo tanto, al responder a la pregunta, debes volver a relatar cómo su empresa y el puesto que ofrecen encajan en tus planes. Si estás entrevistando para un puesto de marketing en un restaurante y le dices al entrevistador que quieres ser dueño de una empresa de poda de árboles en los próximos cinco años, eso probablemente no te ayudará a asegurar el trabajo para el que te estás entrevistando. En este sentido, tu respuesta nunca debería ser, "No tengo ni idea". Es dudoso que su futuro empleador vaya a estar interesado en contratar a un empleado

que no tiene ni idea de adónde va con su vida.

10) *"Háblame de una situación laboral difícil que hayas tenido y cómo la manejaste"*. Con esta pregunta, el entrevistador probablemente está tratando de determinar cómo manejas la adversidad y/o determinar si eres capaz de resolver los problemas. Al responder a una pregunta como esta, debes recordar que las historias son a menudo más efectivas que los hechos y las cifras. Si tienes una historia que puedes contar para mostrar cómo resolviste una situación difícil, será más memorable que cualquier hecho y cifra que puedas transmitir, por ejemplo- Una planificadora de eventos tiene un fotógrafo de bodas que le cancela el día de la boda... Un cliente corporativo importante anuncia que está pensando en llevar su negocio a otro lugar porque no siente que ha estado recibiendo la atención adecuada del vendedor que trabaja para ti. Trabajaste en una tienda minorista durante la temporada de fiestas, la fila en la caja registradora era como de 10 personas de largo, y tenía un cliente que se quejaba a gritos de la espera. En cualquiera de estas situaciones o en tu propia situación difícil, debes detallar cómo trabajaste para resolver el problema. Y, con suerte, tenía un final feliz. Y, idealmente, este problema se relacionará de alguna manera con el puesto que estás solicitando.

11) *"¿Por qué deberíamos contratarte?"* Esta es una pregunta que normalmente aparece cerca del final de la entrevista. Si te hacen esta pregunta, debes considerarla como una última oportunidad para reiterar lo que puedes aportar y por qué serás un buen candidato para el trabajo que están ofreciendo. Detalla nuevamente las habilidades y la experiencia que te hacen un gran candidato para llenar el puesto vacante. Además, no tengas miedo de hacer una declaración más emocional y menos tangible, como "Estoy seguro de que seré un

empleado valioso", "Te aseguro que trabajaré duro para lograr las metas que me has fijado", "Estoy muy interesado en trabajar aquí y estoy seguro de que puedo ser un miembro valioso del equipo", etcétera.

12) *"¿Tienes alguna pregunta?"* Esta pregunta también aparece a menudo al final o cerca del final de la entrevista. No es una pregunta desechable y nunca debes dejar de hacer preguntas adicionales. Esta pregunta te ofrece la oportunidad de cubrir cualquier tema que no se haya tratado en la entrevista. Nuevamente, debes referirte a cualquier pregunta que tenías en tu cuaderno de notas antes de la entrevista o cualquier pregunta que pueda haberse desarrollado durante el curso de la misma. Si se han cubierto todas tus preguntas, aprovecha la oportunidad de convertir el tiempo restante de la entrevista más en una conversación. Podrías preguntarle al entrevistador sobre sus propias experiencias dentro de la compañía, preguntarle cómo se vería el éxito en el puesto para el que está contratando, o preguntarle cuáles son algunos de los desafíos que podrías esperar en el puesto para el que está contratando. De cualquier manera, no dejes pasar la oportunidad de demostrarle al entrevistador que estás interesado en el trabajo que te están ofreciendo haciendo algunas preguntas pertinentes. Si no haces ninguna pregunta, el entrevistador puede pensar que no estás interesado en el puesto.

Manejando Las Preguntas Difíciles Como Un Campeón.

No te sorprendas si te hacen algunas preguntas difíciles o desafiantes en tu entrevista. Después de todo, una entrevista es parte de un proceso de eliminación y los entrevistadores están buscando maneras de separar la competencia y determinar quién será el mejor para el trabajo.

Cuando acababa de salir de la universidad, tuve una entrevista para un trabajo que realmente quería. Me preparé diligentemente para esa entrevista. Practiqué las respuestas a muchas preguntas diferentes pidiendo a mis amigos que hicieran simulacros de entrevistas. Una y otra vez, ensayé las respuestas a cualquier pregunta que pensé que el entrevistador podría hacer. Para cuando la entrevista empezó, pensé que estaba listo para cualquier pregunta imaginable. A los tres minutos de la entrevista, el entrevistador me hizo una pregunta que me dejó totalmente fuera de balance. Su pregunta fue: "Si fueras un árbol, ¿qué clase de árbol serías y por qué?" Ups, no había practicado para esa. ¿Por qué un entrevistador haría una pregunta como esa? No tuve mucho tiempo para analizar por qué me preguntó eso, pero quería saber cuál era el método de su locura al preguntarme eso, antes de dar mi respuesta. Rápidamente determiné, correctamente creo, que ella quería ver si yo era capaz de pensar fuera de la caja y ver cómo era mi proceso de pensamiento. Después de tartamudear y balbucear por poco tiempo, le contesté, "Yo sería un roble. Los robles son fuertes y estables y son útiles. Los robles tienen un sistema de raíces fuerte. Cuando están en plena floración, proporcionan sombra para que otros disfruten. Y proveen nueces (bellotas) que las ardillas, pavos salvajes y otros animales pueden disfrutar". Cuando terminé de responder a esa pregunta, estaba seguro de que lo había manejado adecuadamente.

Aunque probablemente no había una respuesta correcta o incorrecta a esa pregunta, estaba feliz de haber sido capaz de proporcionar algunas razones decentes por las que sería un roble. Más tarde bromeé que estaba contento de no haber dicho que quería ser un sauce llorón o un arce con savia.

Un cliente mío me informó que recientemente le hicieron una pregunta similar en una entrevista: "Si pudieras ser un superhéroe, ¿qué superhéroe serías y por qué?" De nuevo, supongo que el entrevistador estaba tratando de determinar el proceso de pensamiento del solicitante con una pregunta como esta. Mi cliente, que me dijo que realmente no conoce a muchos superhéroes, me dijo que respondió que él sería Batman, ya que Batman y Superman eran los únicos dos superhéroes en los que podía pensar cuando le hicieron la pregunta. Dijo que eligió a Batman porque Batman es/era alguien que es muy protector. Trabaja bien con sus socios, incluyendo su compañero Robin y su mayordomo Alfred. Está en buena forma física y mental, y es inteligente. Tiene una pasión por la justicia y un interés en proteger a la gente de la injusticia. Mi cliente añadió entonces que él era como Batman en el sentido de que trabaja bien con sus compañeros de trabajo, trata de mantenerse en forma física y mental, y, como empleado leal, siempre quiere hacer las cosas bien si están mal.

No es una mala respuesta de mi amigo, creo. Demostró que podía pensar en la respuesta a una pregunta desafiante y luego volver a centrar todo en cómo las cualidades de Batman y las suyas propias lo convertirían en un candidato viable para el puesto que solicitaba.

En la sección anterior sobre preguntas comunes de la entrevista, ya he enumerado algunas preguntas comunes que yo consideraría como preguntas desafiantes. Preguntas como "¿Dónde quieres estar en cinco años?", "¿Puedes contarme sobre una situación difícil que hayas tenido anteriormente en un trabajo y cómo la manejaste?", y "¿Cuáles son tus debilidades?" son todas preguntas comunes y desafiantes de la entrevista. Cómo responder a esas preguntas puede determinar si avanzas en el proceso de la entrevista. Teniendo esto en cuenta, te sugiero seriamente que practiques tus respuestas a estas preguntas.

Para que te diviertas, he reunido algunas otras preguntas desafiantes para que las consideres cuando hagas tus entrevistas simuladas. Aunque las posibilidades de que te hagan estas preguntas específicas son mínimas, debes usarlas para afinar tu proceso de pensamiento al formular respuestas racionales y razonables a las preguntas difíciles. Aunque no voy a enumerar las respuestas a estas preguntas, ya que muchas de ellas son preguntas de proceso de pensamiento que no tienen respuestas específicas correctas o incorrectas, espero que estas preguntas te proporcionen algo de reflexión mientras te preparas para tu entrevista.

Aquí va:

1. *"Si fueras un auto, ¿qué clase de auto serías y por qué?"*

2. *"¿Por qué crees que tendrías éxito en el trabajo que estás solicitando?"*

3. *"¿Puedes explicar la interrupción de empleo en tu currículum?"*

4. *"¿Qué puedes ofrecernos tú como empleado que otros candidatos no puedan?"*

5. *"Si pudieras organizar una cena con cuatro personas famosas, vivas o muertas, ¿a quién invitarías y por qué?"*

6. *"¿Cómo gestionas y priorizas tu tiempo?"*

7. *"¿Puedes hablarme de una época del pasado en la que fuiste innovador o 'pensaste fuera de la caja'?"*

8. *"¿Cómo lidias con el conflicto?"*

9. *"¿Puedes describir un dilema ético que hayas previamente enfrentado y cómo lo manejaste?"*

10. *"¿Cuál ha sido el mayor fracaso de tu vida?"*

11. *"¿Cómo hiciste tiempo para esta entrevista? ¿Dónde cree tu jefe que estás ahora?"*

12. *"¿Alguna vez has robado material de oficina de una compañía para la que has trabajado?"*

13. *"¿Puedes hablarme de una política de empresa con la que no estás de acuerdo, si has expresado tu desacuerdo con esa política y cómo lo has hecho?"*

14. *"¿Puedes decirme una razón por la que a la gente no le guste trabajar contigo?"*

15. *"¿Qué harías si ganaras 10 millones de dólares en la lotería de esta semana?"*

Y hay una pregunta más que me gustaría discutir brevemente en este capítulo. Pueden hacerte esta pregunta o algo similar: "¿Qué salario crees que te mereces?" Esta es obviamente una pregunta clave tanto para el futuro empleador como para el candidato, ya que, si la cantidad ofrecida por el empleador es demasiado baja o la cantidad ofrecida por el candidato es demasiado alta, puede ser fácilmente un factor de ruptura de contrato. Como candidato a una entrevista, es de esperar que hayas investigado qué salarios están en la categoría de trabajo que te interesa. Si no has investigado, encontrarás mucha información disponible sobre salarios en Internet, incluyendo sitios como indeed.com, glassdoor.com, payscale.com y LinkedIn.com. Al revisar los rangos salariales de tu profesión, siempre debes tener en cuenta el costo de vida de la ciudad donde vas a trabajar. Obviamente, el costo de vida en la ciudad de Nueva York o San Francisco será mucho más alto que el de un trabajo similar en Dyersville, Iowa.

Cuando te hagan esta pregunta sobre el salario, te recomiendo que no des un salario específico. Primero debes pedirle al entrevistador que confirme el rango salarial para el trabajo que están ofreciendo. Por ejemplo, si te dicen que el trabajo que están ofreciendo está en el rango salarial anual de $40,000 a $50,000, entonces tendrás por lo menos un punto de partida para tus negociaciones. En la mayoría de los casos, recomendaría que solicites un salario que sea más alto que la mediana, a menos que haya una razón lógica por la que te den menos de la mediana. (Es decir, tienes menos experiencia que los otros candidatos, eres un graduado universitario reciente y los otros candidatos han tenido experiencia previa en la industria, etcétera).

Idealmente, no hablarás de salario en la primera entrevista a menos que el entrevistador esté listo para contratarte en el acto. Si estás solicitando un puesto de venta al por menor en una tienda departamental, probablemente discutirás el salario durante la entrevista inicial. Si estás solicitando un puesto ejecutivo, es más probable que el salario se discuta en una entrevista posterior. En este caso, yo evitaría hablar del salario y del paquete de compensación en la entrevista inicial a menos que el entrevistador aborde el tema primero.

Al leer esta sección del libro, si hay algo que puedes sacar de lo que has leído, espero que ahora entiendas que la clave para responder a las preguntas de la entrevista, comunes o desafiantes, es prepararse y practicar. Aunque es probable que las preguntas que practiques no sean las mismas que recibes en la entrevista real, es importante que practiques los procesos de pensamiento que necesitarás para responder a las preguntas con las que no estás familiarizado. Con la preparación y la práctica, tendrá la seguridad de aumentar tus posibilidades de éxito en la entrevista.

Capítulo 5—Crea Una Gran Primera Impresión

La primera impresión que des al entrar en la entrevista puede ser crucial. Siempre les digo a los clientes que, aunque es poco probable que consigan un trabajo basado en su primera impresión, es más probable que puedan perder un trabajo basado en su primera impresión. Las personas que dan una mala primera impresión pueden perder oportunidades de trabajo incluso antes de tener la oportunidad de explicar cuáles son sus antecedentes, sus talentos y habilidades, y por qué son los adecuados para el trabajo.

Con esto en mente, he proporcionado algunos consejos sencillos sobre las cosas que puedes hacer para asegurarte de que causes una gran primera impresión.

Ocho Cosas Que Debe Hacer Para Causar Una Espectacular Primera Impresión.

1) Viste el Rol. En una sección anterior, expliqué la importancia de vestirse adecuadamente para tu entrevista. Una vez más, lo principal en lo que debes concentrarte es en asegurarte de que te vistes adecuadamente para el trabajo que estás solicitando. Si no estás exactamente seguro de qué ponerte, debes recordar que es mejor vestirse bien para una entrevista que hacerlo de forma más informal.

2) Llegar a Tiempo. Como se mencionó anteriormente, seguramente perderás puntos si llegas tarde a una entrevista. Ya hemos discutido esto anteriormente. Si vas a llegar tarde, tal vez debido a un tráfico inusualmente pesado o a condiciones de manejo inusualmente malas, ciertamente deberías llamar a la persona con la que te estás entrevistando tan pronto como te des cuenta de que vas a llegar tarde. No es una buena idea hacer esperar a alguien; es peor hacer esperar a alguien cuando no sabe que vas a llegar tarde. Por otro lado, no he mencionado antes que debes tratar de no llegar demasiado temprano para una entrevista. No debes llegar más de 30 minutos antes de la entrevista. Si llegas mucho antes de lo esperado, el entrevistador puede sentirse apurado o incómodo al tratar de acomodarte.

3) Sé Amable Con Todos. Cuando estás entrevistando para un trabajo, es importante que "pongas tu cara de juego" tan pronto como entres en el local. Sé amable con todas las personas que conozcas saludándolas con una sonrisa y/o un hola. Esto incluye a las personas que conoces en el estacionamiento, las personas que conoces en el ascensor, las personas que pasas en el pasillo y, por supuesto, la recepcionista. Dos historias rápidas: Una de mis clientas se arreglaba en un ascensor cuando subía al tercer piso para su entrevista. Se miró en su espejo compacto, se aseguró de que sus dientes no contenían partículas de comida, se aseguró de que su cabello se veía bien. Mientras hacía esto, básicamente ignoró a la única persona que subió en el ascensor con ella. Adivinaste, la persona que subió en el ascensor con ella era la persona con la que se iba a entrevistar. Cuando mi cliente descubrió esto, estaba ansiosa por tratar de recordar lo que había hecho frente a la persona con la que había subido al ascensor y se avergonzaba de pensar que no había saludado al menos a la otra persona que iba a su lado en el ascensor. Otro de mis clientes mantuvo una conversación con la recepcionista en el vestíbulo de la empresa donde se estaba entrevistando. La recepcionista no estaba muy ocupada. Parece que su principal

responsabilidad era contestar los teléfonos y éstos no sonaban, así que la recepcionista estaba abierta a una charla. Después de que mi cliente fue contratado, se enteró de que el mejor amigo del entrevistador era la recepcionista y el entrevistador rutinariamente solicitaba a la recepcionista la primera impresión de las personas que se entrevistaban allí. Gracias a su agradable conversación con la recepcionista, mi cliente obtuvo algunos puntos de bonificación incluso antes de que comenzara su entrevista oficial. Así que, en resumidas cuentas, cuando vas a una entrevista, es importante que te metas en la mentalidad de ser amable con todas las personas que conoces. Nunca se sabe cuándo las impresiones que uno hace afectarán sus posibilidades de conseguir un trabajo.

4)   Desaparece Tu Teléfono. Es obvio que querrás apagar tu teléfono durante la entrevista misma. Pero te sugiero que lo apartes desde el momento en que entres en el vestíbulo. A continuación, señalaré la importancia de estar comprometido durante una entrevista. No se puede estar comprometido en una entrevista si se pasa tiempo en el teléfono. En los días en que me entrevistaba para un trabajo, siempre encontraba que el tiempo que pasaba en el vestíbulo esperando la entrevista era educativo. Era interesante ver cómo la recepcionista saludaba a otros visitantes y compañeros de trabajo. También era interesante ver cómo los trabajadores de la empresa interactuaban entre sí. En una de mis entrevistas, en los 20 minutos que pasé en el vestíbulo, noté que el lenguaje corporal y las interacciones de las personas que trabajaban en esa empresa eran inusualmente negativas. Como resultado, incluso antes de entrar en la entrevista, me preguntaba si quería trabajar allí. Por supuesto, la persona de recursos humanos estaba fuera del mismo molde negativo y salí del edificio sabiendo que no aceptaría la oferta que recibí. Me alegré de haber guardado mi teléfono y de saber cuál era el entorno de trabajo.

5) Estar Involucrado, Estar Interesado. En una entrevista para cualquier trabajo, es importante que muestres tu interés o entusiasmo. Siempre les digo a los clientes que se aseguren de estar involucrados desde el momento en que entran por la puerta de la oficina o la puerta del edificio en el que están siendo entrevistados. Presta atención a las cosas que están visibles en el vestíbulo y en la oficina de la persona con la que te estás entrevistando. Una entrevista promedio puede durar 45 minutos. Esos 45 minutos podrían ser un factor importante para determinar tu futuro. Teniendo esto en cuenta, cualquier entrevista que tengas merece toda tu atención y tu entusiasmo.

6) Ten Seguridad. Es importante que te muestres confiado al entrar en una entrevista. Presta atención a tu lenguaje corporal, tu postura y tu comportamiento. Cuando conozcas a alguien, asegúrate de presentarte, dar un firme apretón de manos y hacer contacto visual. He notado antes que siempre que he sido el entrevistador, he anulado a los solicitantes que tienen un débil apretón de manos o que no me miran a los ojos cuando se les presenta.

7) Asegúrate De Saber Con Quién Estás Hablando. Esto parece tan obvio, pero he tenido clientes que han cometido el grave error de llamar a su entrevistador por el nombre equivocado durante la entrevista. Tuve un cliente que se dirigió a Janel como Jolene durante la entrevista y estoy seguro de que perdió algunos puntos importantes por hacerlo. Asegúrate de tener el nombre del entrevistador en la entrevista. Es deseable utilizar el nombre del entrevistador o entrevistadoras durante la entrevista, pero debes asegurarte de que

estás utilizando el nombre correcto.

8) Encuentra un terreno común, haz una conexión. En cualquier entrevista, es importante que establezcas una conexión o que encuentres puntos en común con las personas con las que te estás entrevistando. Una vez más, es probable que compitas con otros candidatos para conseguir el trabajo, y querrás separarte de esos otros candidatos posiblemente haciendo una conexión con la persona que te estaba entrevistando. Desde el momento en que entras en el edificio, o en la sala de conferencias o en la oficina donde se realiza la entrevista, debes observar los alrededores para ver si puedes encontrar algo que te ayude a establecer una conexión con el entrevistador. ¿Hay boletines de la empresa en el vestíbulo para que los invitados los lean, una vitrina de trofeos de la empresa o un cuadro de la historia? ¿Qué pertenencias personales ves en la oficina de tu entrevistador? Fotos de la familia, trofeos de softball o de bolos, diploma universitario, etcétera. ¿Puedes usar cualquiera de estas cosas para encontrar un terreno común? Hace muchos años, estaba tratando de conseguir el negocio de un hombre que más tarde se convertiría en un gran cliente de mi empresa. Al conocerlo por primera vez en su oficina, noté que tenía un trofeo de béisbol en uno de los estantes de su oficina y también tenía una versión enmarcada de un banderín de béisbol de los Minnesota Twins y boletos de la Serie Mundial colgados en su pared. Supuse inmediatamente que este hombre era un fanático del béisbol y, como ávido fanático del béisbol, yo mismo empecé nuestra conversación preguntándole si era un fanático del béisbol. Por supuesto que lo era, y encontramos un terreno común inmediatamente. Hasta este día, juro que una de las razones por las que pude asegurar su negocio fue porque teníamos un amor común por el béisbol. Por supuesto, nada de esto habría importado si mi compañía no hubiera sido un buen ajuste para su negocio, pero nuestro amor mutuo del béisbol permitió que me

separara de otros candidatos inmediatamente. He tenido clientes que han podido hacer la misma cosa con mutuas alma maters, comparando niños ("¿Éstos son tus hijos? Tengo tres hijos..."), etcétera. Si puedes encontrar un terreno común o hacer una conexión con tu entrevistador, es probable que aumentes tus posibilidades de conseguir el trabajo.

Cómo Destacar Instantáneamente Entre Los Demás Candidatos.

Como he señalado antes, las entrevistas de trabajo son una especie de competencia. Hay múltiples candidatos para casi todas las ofertas de empleo y si vas a conseguir el trabajo probablemente tendrás que destacarte de tu competencia. Si no lo haces, es probable que te olviden rápidamente.

Cuando mis clientes me preguntan cómo pueden destacarse en una entrevista, tengo una serie de sugerencias sobre cómo hacerlo:

Ya he señalado anteriormente lo importante que es para ti hacer tus deberes de camino a una entrevista. Una de las formas más seguras de destacar en una entrevista es saber más sobre la empresa que cualquier otra persona. La mayoría de las entrevistas ofrecen muchas oportunidades para demostrar que han hecho su investigación y para mostrar cuánto saben sobre la compañía. Obviamente, las preguntas que haces durante una entrevista también pueden mostrar que has investigado la empresa a fondo. Si no le muestra al entrevistador que sabe algo sobre la compañía con la que se está entrevistando, es probable que piensen que no estás muy interesado en el trabajo.

Otra forma de destacar en una entrevista es simplemente ser uno mismo. Yo animo a los clientes a ser ellos mismos durante una entrevista, aunque sólo sea porque muchas personas no somos buenas para pretender ser alguien que no somos. No somos actores y si estás intentando ser otra persona durante la entrevista, la mayoría de los entrevistadores serán capaces de detectarlo. Otra razón por la que animo a los clientes a ser ellos mismos es porque si realmente consiguen el trabajo, el empleador probablemente va a descubrir rápidamente quién es realmente el empleado de todos modos. Por tanto, por extraño que parezca, se puede destacar en una entrevista siendo uno mismo.

Y aquí hay una forma importante de que te destaques. Trata tus entrevistas como si fueran conversaciones. Las entrevistas son una calle de doble sentido. No vas a causar una buena impresión si tratas la entrevista como un examen universitario o un interrogatorio policial, en el que el entrevistador hace todas las preguntas y tú proporcionas obedientemente todas las respuestas. Es importante que intentes convertir la entrevista en una conversación. Puedes hacerlo haciendo preguntas relacionadas a lo largo del proceso de la entrevista. De nuevo, como he mencionado muchas veces antes, si vas a convertir la entrevista en una conversación en vez de un interrogatorio, vas a tener que estar totalmente involucrado en lo que se diga durante la misma. Escucha atentamente y luego haz preguntas o añade comentarios según lo consideres oportuno. Una buena manera de hacerlo es terminar tu respuesta con una pregunta relacionada. Por ejemplo, si te preguntan por qué crees que encajas bien en el trabajo para el que te estás entrevistando, podrías decir: "Por todo lo que he leído o escuchado, es una compañía que se preocupa profundamente por sus clientes. Yo soy igual. Me da mucha satisfacción saber que mis clientes valoran los productos y servicios que vendo. Esta compañía parece hacer un mejor trabajo en eso que sus competidores. ¿Estoy en lo cierto al pensar eso y puede usted compartir por qué cree que es así?" Observe que el entrevistado ha respondido a la pregunta y luego la ha seguido con una pregunta propia relacionada, una pregunta que no es una pregunta de sí o no, una que esperamos ayude a convertir la entrevista en una conversación más que un interrogatorio o un examen.

Otra forma de destacar en una entrevista será proporcionar un resumen adicional de una hoja, además de tu currículum y tu carta de presentación, explicando por qué eres un buen candidato para el trabajo específico que estás solicitando. He tenido algunos clientes que presentan este resumen durante la entrevista y otros clientes que envían este resumen después de la entrevista. Algunos de mis clientes confían en esta técnica, sin importar si se presenta durante o después de la entrevista. También he tenido clientes que han presentado planes de 30, 60 o 90 días sobre lo que esperan lograr en sus primeros días de trabajo en la empresa. Estos planes casi siempre se presentan en los días inmediatamente posteriores a la entrevista (obviamente antes de que la empresa haya tomado una decisión de contratación). Al hacer algo adicional al currículum vitae estándar y a la carta de presentación, podrás reiterar tu sincero interés en el trabajo.

Si el entrevistador te pide ejemplos de cómo has tenido éxito en tus trabajos anteriores, te recordaré de nuevo que utilices números siempre que sea posible para documentar tu éxito, por ejemplo: "Fui responsable de aumentar las ventas en la Región Nordeste en un 135% en los dos primeros años que tuve esa región". U otro ejemplo: "Como director de desarrollo de franquicias, pasamos de 45 imprentas franquiciadas a 87 imprentas franquiciadas en un año. El objetivo de la empresa cuando llegué allí era abrir 20 locales al año y mi equipo y yo pudimos superarlo en 22 locales". El resultado final es que los números funcionan para ilustrar el éxito y los logros. Con los números, se puede convertir una declaración intangible en una tangible.

Y, finalmente, otra forma de destacar después de una entrevista es enviar una nota manuscrita de agradecimiento/encantado por la reunión. Sí, he dicho escrito a mano, no a máquina. Lo escrito a mano es mucho más personal que una nota mecanografiada. Si la empresa está muy cerca de ti, puedes incluso entregarla en mano. Si no, puedes enviarla a través de la Oficina Postal de los Estados Unidos o de un servicio de entrega, pero envíala inmediatamente, dentro de las 24 horas. Y, obviamente, asegúrate de que la ortografía, la gramática y la puntuación sean correctas.

Lenguaje Corporal Convincente Que Te Pone Por Delante Del Juego.

Así que crees que has hecho todo lo posible para causar una gran primera impresión. Estás impecablemente vestido, puliste tus zapatos, te cortaste el pelo y te hiciste la manicura de las uñas. Sin embargo, si no prestas atención a las señales que envía tu cuerpo, éste puede trabajar en tu contra y perjudicar la imagen que intentas transmitir con tu apariencia.

El lenguaje corporal es importante. Todos conocemos a personas que pueden cautivar una habitación cuando entran en ella. En cuestión de segundos, las personas formarán percepciones sobre una persona basadas en su lenguaje corporal. Así que todo el tiempo y dinero que gastaste en el nuevo traje, el corte de pelo e incluso la nueva cartera de cuero pueden volar en pedazos en un momento.

Uno de los elementos clave del lenguaje corporal es la postura adecuada. Si quieres mostrar un aire de confianza, es importante que "camines erguido". Párate derecho, con la barbilla hacia arriba y los ojos hacia arriba. Ciertamente, nada de aflojar o encorvarse. Nada peor que escabullirse en una habitación.

Ya he mencionado la importancia de un firme apretón de manos cuando te presentas a alguien. Sí, es un arte hacer algo tan simple como un apretón de manos. Cuando te presenten a tu entrevistador, deja de lado el apretón de manos de pescado y reemplázalo por el apretón de manos de "chico grande". Hombre o mujer, debes ofrecer un firme y genuino apretón de manos. Dicho esto, no des un apretón de manos tan fuerte que vayas a aplastar la mano de la otra persona. Siempre de pie, y nunca sentado, cuando estés dando la mano. No tires a la otra persona hacia ti con tu apretón de manos... No es un combate de lucha de brazos. Y evita las manos sudorosas. Y ten en cuenta que hay algunas personas que no quieren dar la mano. La mayoría de nosotros conocemos a algunas personas que son germofóbicas y que tratan de evitar el contacto físico siempre que sea posible. Si te encuentras con un entrevistador que es germofóbico, no lo tomes como algo personal.

Al mismo tiempo que le das la mano a alguien, necesitas hacer contacto visual con él. Y continuar haciéndolo tanto como sea posible durante la entrevista. Al hacer contacto visual con alguien, irradiarás una sensación de confianza, autenticidad y sinceridad. Recuerda que uno de tus objetivos para la entrevista será crear un vínculo o una conexión con tu entrevistador. El contacto visual puede ayudarte a lograrlo. Si estás mirando al suelo o a la pared cuando le das la mano a tu entrevistador, es posible que le des la idea de que estás inseguro.

Además de tu postura y tus ojos, presta atención a lo que haces con tus brazos y piernas a lo largo de la entrevista. No cruces las piernas cuando estés de pie o sentado. No coloque las manos en las caderas cuando estés de pie. No te inclines hacia un lado. No cruces los brazos sobre el pecho en ningún momento. Los expertos en lenguaje corporal te dirán que esa es una posición defensiva que no juega bien con la persona con la que te reúnes.

Y presta atención a lo que haces con tus manos durante la entrevista. Si eres una persona que hace muchos gestos con las manos, no señales nada, ya que eso puede parecer una amenaza. Los gestos con la palma de la mano abierta o con las manos abiertas se consideran aceptables. Si estás un poco inquieto, intenta no darte golpecitos en los dedos de las manos o de los pies durante la entrevista.

Y no juegues con tu cabello, ni hagas clic repetidamente en tu bolígrafo o sacudas las monedas de tus bolsillos, etcétera. Es probable que algunas de esas rarezas o malos hábitos causen una mala impresión a las personas que conozcas en tu entrevista.

Y finalmente, sonríe cuando sea apropiado. Y no tengas miedo de mostrar esos blancos nacarados, a menos que tengas malos dientes. Puedo hablar por experiencia personal en cuanto a las expresiones faciales. La gente me ha dicho antes que tengo una cara muy seria. Como esa mirada tiende a hacerme parecer malhumorado o inaccesible, cada vez que conozco a alguien en persona ahora, me aseguro de hacer un esfuerzo extra para ofrecer una gran sonrisa que me haga más acogedor y más accesible.

Por lo tanto, al repasar este capítulo, permite que vuelva a hacer hincapié en la importancia de causar una buena primera impresión en una entrevista. Aunque es probable que no puedas conseguir el trabajo con una buena primera impresión, podrías perder la oportunidad de conseguir un trabajo con una mala primera impresión. Por eso no debes ignorar la impresión visual que estás causando con la entrevista. Si prestas atención a algunos detalles menores, estarás seguro de que no has perdido el trabajo antes de que empiece la entrevista.

Capítulo 6—Supera La Entrevista Con Éxito

Al entrevistarte para un trabajo, tendrás una ventaja para conseguir el trabajo de tus sueños si entiendes lo que los entrevistadores quieren oír. De la misma manera, te beneficiarás al saber algunas cosas que nunca debes decir en una entrevista. Y luego, también querrás comunicarle al entrevistador que tienes las habilidades sociales que asegurarán tu posición como empleado valioso y te colocarán por encima de los otros candidatos para el mismo trabajo. (Para aquellos de ustedes que no estén familiarizados con las habilidades sociales, les explicaré esto con más detalle más adelante en este capítulo).

11 Cosas Que Tu Futuro Empleador Quiere Escuchar.

Cuando te entrevisten para un trabajo, es probable que te hagan muchas preguntas. Algunos candidatos cometen el error de no entender por qué el entrevistador hace las preguntas que le hacen. Si tienes una idea de por qué el entrevistador está haciendo las preguntas que está haciendo, te resultará mucho más fácil determinar las cosas que quieren escuchar de ti. Aquí hay algunas cosas que a los entrevistadores les encanta escuchar de los candidatos, sin ningún orden en particular.

1) *"Estoy auto-motivado. Si me das un proyecto, puedo tomarlo desde el principio hasta el final... Y puedo terminarlo a*

tiempo. No tendrás que microgestionarme. Puedo trabajar con una mínima supervisión".

2) *"Tomo bien la orientación. No tendrás que decirme lo mismo varias veces. Si me dices lo que tengo que hacer una vez, no tendrás que decírmelo otra vez".*

3) *"Soy un buen comunicador. Te mantendré a ti y a mis compañeros de trabajo informados sobre cualquier proyecto en el que esté trabajando".*

4) *"Trabajo y juego bien con los demás. Soy un jugador de equipo, no un lobo solitario".*

5) *"Puedo guiar o seguir. Hago ambas cosas bien".*

6) *"Soy enseñable. Me apresuro a admitir que no lo sé todo y que estoy dispuesto y ansioso por aprender de los demás".*

7) *"Tengo las habilidades para hacer el trabajo". (Reitera tus habilidades aquí).*

8) *"Soy un buen candidato para este trabajo y soy un buen candidato para esta compañía". (Detalla por qué encajas bien aquí).*

9) *"Soy leal. Seré leal a mi supervisor y leal a la compañía".*

10) *"Mis metas y objetivos coinciden con la misión y el propósito de esta empresa".*

11) *"Quiero decir de nuevo que me encantaría tener la oportunidad de trabajar aquí".* (Suponiendo que todavía está entusiasmado con el trabajo cuando la entrevista se acerca a su fin, debes reiterar tu interés y entusiasmo hacia el trabajo antes de salir de la entrevista. Si quieres el trabajo, debes asegurarte de que sepan que quieres el trabajo).

Ocho Cosas Que No Querrás Decir En Una Entrevista De Trabajo.

Así como hay algunas cosas que definitivamente debes tratar de mencionar en tu entrevista, hay cosas que no debes decir en una. He enumerado a continuación algunos errores comunes que la gente comete en las entrevistas. Espero que estos errores te den una idea de lo que no debes decir durante una entrevista.

1) *"Entonces, ¿qué hacen aquí?"* Alguien no ha hecho sus deberes.

2) *"Sé que no tengo mucha experiencia, pero..."* No es necesario señalar tus defectos y mostrar una falta de confianza al mismo tiempo. Si el entrevistador tiene tu currículum o solicitud, ya sabrá que te falta experiencia.

3) *"No me llevaba bien con mi jefe"* o *"No me gustaba la última empresa para la que trabajé"*. Destruir a los empleadores anteriores no va a ser de ayuda.

4) *"¿Cuánto tiempo de vacaciones tengo?"* Esto se discute mejor en una entrevista posterior cuando se discute el salario o el paquete de compensación.

5) *"Me gustaría empezar mi propio negocio lo antes posible"*. ¿Por qué alguien debería contratarte cuando estás buscando salir lo antes posible?

6) *"Haré lo que quieras que haga"*. Suena demasiado desesperado.

7) *"¿Qué tan pronto promueves a los empleados?"* Una vez más, esto parece desesperado y probablemente hará que el

entrevistador piense que no puedes esperar a pasar del puesto para el que están contratando.

8) *"No, no tengo ninguna pregunta"*. Ya he discutido esto anteriormente. Si el entrevistador te pregunta si tienes alguna pregunta, no dejes pasar la oportunidad de hacer preguntas relevantes. No sólo puedes usar las preguntas para obtener cualquier información adicional que estés buscando, sino que también podrás transmitir tu interés en el puesto al entrevistador.

10 Habilidades Blandas Y Cómo Demostrarlas.

Cuando hablamos de la demostración de las habilidades blandas, me doy cuenta de que algunos de ustedes no saben lo que son (también mencionadas como "habilidades sociales"). Con esto en mente, permítanme primero decirles lo que son las habilidades blandas. Las habilidades blandas son atributos personales, rasgos de personalidad, señales sociales o habilidades de comunicación. Las habilidades blandas son generalmente cualidades mucho menos tangibles que las habilidades duras. Las habilidades duras son habilidades laborales específicas o certificaciones. Ejemplos de habilidades duras son los diplomas de la escuela secundaria, títulos universitarios o de escuelas de comercio, licencias o certificaciones profesionales, finalización de programas de capacitación, capacitación en el trabajo, experiencia laboral, etcétera. Las destrezas difíciles son destrezas laborales específicas y tangibles o prueba de destrezas laborales. Las destrezas blandas son cualidades menos tangibles que normalmente no se califican con títulos, certificados o licencias.

Cuando una compañía está evaluando tu currículum, generalmente se fijarán primero en las habilidades difíciles que has enumerado en tu él. Quieren asegurarse de que tus habilidades duras cumplen con sus requisitos y también es probable que quieran comparar tus habilidades duras con las de los otros candidatos. Por ejemplo, si están buscando un gerente de contabilidad, generalmente estarán buscando a alguien que tenga un título de contabilidad y posiblemente a alguien que haya aprobado el examen de la Junta de Contadores Públicos. Esas son habilidades tangibles y difíciles. Si no tienes esas habilidades duras, es probable que seas eliminado de la competencia.

Después de que estos posibles empleadores hayan determinado tus habilidades duras, pasarán a tus habilidades blandas. Si has "aprobado" los requisitos de habilidades duras, es probable que el hecho de que obtengas o no el trabajo esté determinado por tus habilidades blandas. A continuación, he enumerado algunas de las habilidades blandas más comunes que buscan los empleadores. Como sabes, la mayoría de los currículos y cartas de presentación tienen un espacio limitado. Aunque te animo a que incorpores tus habilidades blandas en tu currículum y cartas de presentación, soy consciente de que rara vez hay suficiente espacio para que enumeres todas tus habilidades blandas. Por lo tanto, es muy importante que menciones que tienes estas habilidades en tu entrevista. Al enumerar las habilidades blandas en tu currículum, te sugiero que las etiquetes como "habilidades transferibles", ya que son cualidades que generalmente se pueden transferir a casi cualquier trabajo que estés solicitando.

En su mayor parte, las habilidades blandas se adquieren durante un período de tiempo en lugar de en clases o sesiones de capacitación. Mientras que alguien puede obtener una especialización en periodismo tomando clases de periodismo en la universidad, por lo general la gente no adquiere habilidades blandas como las de comunicación, las creativas o las de resolución de problemas tomando clases. Estas destrezas blandas se adquieren normalmente por medio del "aprendizaje a través de la experiencia", o la "a los golpes" como dirían algunos.

Las habilidades blandas son a menudo consideradas invaluables por los empleadores, ya que son habilidades transferibles que pueden ser utilizadas en casi cualquier trabajo. Los trabajos de servicio al cliente o los trabajos en los que los empleados entran en contacto directo con los clientes son particularmente propicios para las habilidades blandas.

Al determinar las habilidades blandas que deseas promover, deberías leer la publicación para esa posición y anotar cualquier habilidad blanda que se mencione en esa publicación. Estas son habilidades que debes asegurarte de incluir en tu currículum, en tu carta de presentación y en tu entrevista, suponiendo que tienes las habilidades que se describen.

Por ejemplo, si el anuncio de empleo menciona que la empresa está buscando a alguien para formar parte de su equipo o las palabras clave del anuncio incluyen palabras como "equipo", "trabajo en equipo" o "trabaja con otros", entonces sabrás que la empresa está buscando a alguien que tiene esta habilidad. Casi todos los anuncios de trabajo mencionan al menos un par de habilidades blandas que el empleador está buscando.

Aquí hay algunas habilidades comunes que las compañías buscan en las personas que contratan:

1) Motivado o auto-motivado.

2) Trabajador duro o una fuerte ética de trabajo.

3) Adaptabilidad.

4) Jugador de equipo, capaz de trabajar bien con los demás.

5) Comunicador.

6) Pensador creativo, pensar fuera de la caja, pensamiento crítico.

7) Toma de decisiones.

8) Capaz de resolver conflictos o problemas.

9) Gestión del tiempo, capacidad de priorizar.

10) Positividad, entusiasmo.

Nuevamente, antes de tu entrevista, deberías revisar las habilidades blandas que se mencionan en el anuncio de empleo y hacer un inventario de tus propias habilidades blandas para ver cuáles corresponden a las que el posible empleador está buscando. Luego, debes desarrollar un plan sobre cómo puedes hacer saber al entrevistador que tienes estas habilidades. Por ejemplo, si en el anuncio se menciona que el empleador está buscando un trabajador duro y que tú eres realmente un trabajador duro, tendrás que averiguar cómo agregar esto a tu entrevista. No importará si dejas esta información en la entrevista directa o indirectamente, pero definitivamente necesitas dejarle saber al entrevistador que eres un gran trabajador.

Si puedes proporcionar ejemplos específicos para mostrar que eres un trabajador duro, eso es aún mejor. Por ejemplo, un cliente mío estaba haciendo una entrevista para un trabajo de relaciones públicas en el que la responsabilidad principal incluía la planificación de eventos. En el anuncio de este trabajo se mencionaba que la empresa estaba buscando contratar a alguien que estuviera dispuesto a trabajar duro si fuera necesario para completar un proyecto. Por tanto, durante su entrevista, mi cliente mencionó que ella era una trabajadora dedicada y que estaba dispuesta a trabajar las horas que fueran necesarias para cumplir con las metas del departamento o para completar los proyectos a tiempo. Ella dio el ejemplo específico de cómo había coordinado una carrera de botes de cartón de leche en uno de sus trabajos anteriores. (Sí, botes hechos de cartones de leche.) Su compañía había sido el único patrocinador de este evento y su supervisor y el equipo de administración habían subestimado la cantidad de tiempo que tomaría para organizarlo. Como resultado, mi cliente y sus dos miembros del equipo tuvieron que trabajar 12 horas diarias, 7 días a la semana en las dos semanas previas al evento para asegurarse de que éste se desarrollara según lo planeado. Como resultado del trabajo de ella y de los miembros de su equipo, el evento se desarrolló sin problemas y ella recibió muchos agradecimientos de los ejecutivos de la compañía que reconocieron su duro trabajo y un agradecimiento especial del supervisor que había subestimado la cantidad de tiempo que se necesitaría para planear el evento.

Como puedes ver, mi clienta no sólo mencionó que era una trabajadora dedicada, sino que también contó una historia que demostraba que lo era, dispuesta a hacer lo que fuera necesario para que el evento fuera un éxito.

Te daré otro ejemplo. Otra compañía que buscaba un representante de servicio al cliente mencionó que buscaban candidatos que resolvieran problemas. Uno de mis clientes estaba solicitando este trabajo en una compañía de productos promocionales, una compañía que provee artículos impresos a medida como camisetas, bolígrafos, bolsas de mano, etcétera, para clientes corporativos. Mi cliente tenía experiencia previa con una empresa de productos promocionales y contó esta historia cuando se le pidió que describiera una situación problemática en un trabajo anterior y cómo la manejó. Un cliente había pedido repuestos de calendarios diarios cada año durante muchos años. Un año, el cliente se retrasó en hacer su pedido y para cuando mi cliente fue a pedir estos repuestos de calendario para su cliente, la fábrica se había agotado y no iban a recibir más de estos repuestos, ya que estaban hechos en Malasia y el tiempo de entrega para recibir los repuestos adicionales iba a ser hasta bien entrado marzo o abril del año siguiente. En lugar de dejar este problema en manos de su cliente, mi cliente trabajó inmediatamente para encontrar otra fábrica que tuviera repuestos similares, pero no idénticos, que funcionaran. Tuvo que hacer unas tres horas de investigación y hacer una docena de llamadas telefónicas para encontrar una solución al problema, pero lo hizo. Luego se puso en contacto con su cliente para hacerle saber el problema inicial y, al mismo tiempo, explicarle que había encontrado una solución. Inmediatamente se ofreció a enviar al cliente una foto de los blocs de recambio de calendarios alternativos y el cliente los encontró aceptables. Todo esto para un cliente que estaba haciendo un pequeño pedido de unos $150.

Esta historia ciertamente mostró la capacidad de mi cliente para atacar un problema y resolverlo, a pesar del pequeño tamaño del pedido. Demuestra que fue capaz de ir "más allá" para resolver un problema en nombre de su cliente.

Si puedes encontrar una manera de comunicar efectivamente tus habilidades blandas a tu entrevistador, te darás una oportunidad mucho mejor de conseguir el trabajo.

Capítulo 7—Detalles Finales

Con este capítulo, voy a decirte cómo dar los últimos toques a lo que esperamos sea una entrevista exitosa. Te daré algunas preguntas que puedes hacerle al entrevistador, te diré cómo abordar la discusión sobre el salario y el paquete de compensación, y te diré qué hacer cuando y si una pregunta te toma desprevenido. Y también discutiremos si y cuándo está bien mentir o maquillar durante una entrevista.

11 Grandes Preguntas Para Hacer Al Gerente De Contrataciones.

Como ya hemos mencionado antes, cuanto más puedas convertir tu entrevista en una conversación en lugar de un interrogatorio o un examen, más éxito tendrás. Recuerda, las entrevistas son calles de doble sentido. El entrevistador no debe ser la única persona que recopile información. También debes hacer las preguntas que necesitas saber sobre el trabajo que estás solicitando.

Hacia el final de casi todas las entrevistas, es probable que el entrevistador o el gerente de contratación te pregunte si tienes alguna pregunta. Como hemos discutido antes, la peor manera posible de responder a esta pregunta es decir que no tienes ninguna pregunta. Si lo haces, es probable que el entrevistador piense que no estás preparado o que estás desinteresado.

Debes ver esta pregunta del entrevistador como una oportunidad para reunir cualquier información adicional que estés buscando y también para enfatizar nuevamente las cualidades, habilidades, experiencia y la razón por la cual eres un buen candidato para el trabajo.

Una vez más, sugiero seriamente que prepares algunas preguntas por adelantado, al menos media docena. Y luego, cuando la entrevista termine y te pregunten si tienes alguna pregunta, debes seleccionar dos o tres preguntas para hacerle al entrevistador. Como es probable que el entrevistador responda algunas de las preguntas que tenías antes de la entrevista, asegúrate de no hacer preguntas que pidan información sobre temas que ya han sido cubiertos. Si lo haces, el entrevistador sabrá con certeza que no prestaste atención a lo que él o ella dijo durante la entrevista. Por otro lado, a medida que tú y el entrevistador hablen durante la entrevista, es probable que se te ocurran algunas preguntas adicionales que son más pertinentes que las preguntas que tenías originalmente la intención de hacer.

A continuación, encontrarás algunos de los tipos de preguntas que puedes hacer al entrevistador durante esta parte de la conversación. Algunas cosas rápidas antes de entrar en estas preguntas de muestra: Cuando le hagas preguntas al entrevistador, trata de no hacerle preguntas que tengan respuestas de sí o no. Hazles preguntas que puedan explicar. Y, por otro lado, no hagas preguntas que los van a desconcertar o de las que no van a saber las respuestas. Por ejemplo, si te estás entrevistando con la persona de recursos humanos para un puesto publicitario, no deberías hacerle preguntas técnicas sobre métodos o filosofías publicitarias. Esas preguntas se le harán mejor al director de publicidad con el que probablemente te encontrarás en una entrevista posterior. Y, por último, aunque trataré esto con más detalle más tarde, la primera pregunta que salga de tu boca no debería ser "¿Cuál es el salario?". En mis experiencias anteriores como entrevistador, un candidato me hizo esta pregunta a menos de dos minutos de la entrevista. Inmediatamente lo descarté como candidato y corté lo que se suponía que era una entrevista de 45 minutos a una de 20 minutos. También tuve otro candidato que me preguntó, poco después de que se sentara, "Entonces, ¿qué hacen todos ustedes aquí?" Inmediatamente supe que no había hecho ninguna investigación, aparte de quizás cómo conducir a la entrevista, y lo descarté inmediatamente.

Aquí hay algunas preguntas que podrías hacer en tu entrevista cuando tengas la oportunidad de hacerlo:

1) *"¿Puedes contarme un poco sobre la cultura de la compañía o cómo es trabajar aquí?"* Esto es algo que definitivamente querrás averiguar antes de aceptar el puesto.

2) *"¿Cuáles son los siguientes pasos en el proceso de entrevista?". "¿Cuándo desea tener a alguien a bordo para este puesto?"* Y si te vas a reunir con una persona de recursos humanos o con un gerente de contratación, definitivamente debes averiguar a quién te vas a reportar y si podrás conocer a esa persona durante el proceso de entrevista.

3) *"¿Ofrecerá este trabajo una eventual oportunidad de ascenso?" "¿Puede decirme si alguna de las personas que anteriormente ocupaba este puesto avanzó en la empresa o en su carrera?"*

4) *"¿Es este un nuevo puesto o está buscando llenar un puesto que alguien ya ha ocupado anteriormente? Y, si no te importa que pregunte, ¿qué hizo la persona que previamente llenó esta posición?"* O, simplemente puedes preguntar, *"¿Por qué está este trabajo abierto o disponible?"*

5) *"¿Este trabajo requiere muchos viajes?" "¿Hay alguna posibilidad de que me reubiquen en esta posición?"*

6) *"¿Cuáles son los planes de crecimiento y desarrollo de la empresa?" "¿Cuáles son los planes del departamento?"*

7) *"¿Cuál es la mejor parte de trabajar para esta compañía?" " ¿Qué es lo más desafiante?"* De nuevo, otra pregunta que puede ayudarte a obtener una visión adicional sobre la cultura de la empresa.

8) *"¿Hay algo que pueda aclararle en cuanto a mis aptitudes?"* Esta pregunta puede ayudarte a identificar si el entrevistador tiene alguna inquietud y, en caso afirmativo, podrás abordar esas inquietudes.

9) En el improbable caso de que el entrevistador no haya explicado las responsabilidades del trabajo, debes preguntar. En el mismo sentido, podrías preguntar: *"¿Puedes darme una idea de cómo podría ser un día típico en este puesto?"*

10) *"¿Cómo es una semana de trabajo promedio? ¿La mayoría de los empleados hacen muchas horas extras?"*

11) Y por último, *"¿Qué sigue?"* o *"¿Cuándo espero saber de usted?", "¿Cuándo quiere que me ponga en contacto con usted?"* o *"¿Está bien si hago un seguimiento en un par de días?"* No te vayas de la entrevista sin saber cuál es el siguiente paso. Si te vas sin obtener esta información, tendrás que dedicar mucho tiempo a adivinar si sigues o no optando al trabajo.

Una Guía Esencial Para Las Negociaciones Salariales.

Dependiendo del trabajo que solicites, puedes tener la oportunidad de negociar el salario. Por supuesto, hay algunos trabajos en los que el nivel salarial ya está fijado. El hijo de mi vecino se entrevistó recientemente para un trabajo como vendedor de temporada en una cadena de tiendas. Es obvio que un puesto en un entorno corporativo estructurado como éste va a tener estructuras salariales predeterminadas y no va a poder negociar su salario como empleado de nivel inicial. Estos son empleos que son lo que yo llamo empleos de entrevista única, en los que sólo se requiere una entrevista antes de que un candidato reciba una oferta o sea eliminado de la competencia.

Por otro lado, la mayoría de las situaciones de entrevistas múltiples permiten algunas negociaciones salariales. Ahora bien, si bien todos podemos afirmar que el dinero nunca debe ser el factor principal para aceptar un empleo, también hay que recordar que la cantidad que se te paga puede tener un efecto en la forma en que percibes el trabajo. Si no estás contento con el salario que recibes o sientes que tu salario no refleja adecuadamente los talentos y habilidades que aportas a la empresa, puedes encontrar que tu salario (o la falta del mismo) te desanima, resiente o incluso enfada. Si estás decepcionado con el salario que ganas, puede que incluso descubras que tu decepción te lleva a un mal rendimiento.

En mi vida laboral anterior, trabajé para una compañía que era notoria por pagar mal a sus empleados. Era un gran lugar para trabajar... Excepto por los salarios que pagaban a sus empleados. Como resultado de esta reputación, los empleados que trabajaban para esta compañía eran el blanco frecuente de cazatalentos o reclutadores corporativos que buscaban colocar a las personas en diferentes puestos de trabajo. En ese momento, yo era un joven ejecutivo en ascenso dentro de la empresa y ocupaba un puesto que conllevaba mucha responsabilidad. Yo era muy trabajador y muy bueno en lo que hacía; incluso mis supervisores lo decían. En este puesto, recibía frecuentemente llamadas de cazatalentos que me ofrecían entrevistas para puestos similares que pagaban salarios mucho más altos. A los 26 años, no quería dejar una empresa en la que me gustaba trabajar, pero era plenamente consciente de que un salario más alto podría ayudarme a salir de la posición de vivir de cheque en cheque. Esperaba poder pagar mis préstamos universitarios y luego comprar una casa modesta. Algunas de las oportunidades de entrevista que los cazatalentos describieron incluían salarios que eran más del doble de lo que yo ganaba y, generalmente, esos trabajos conllevaban mucha menos responsabilidad que el trabajo que yo tenía. Por lo tanto, era desalentador saber que no me pagaban justamente. Me resistí a las solicitudes semanales de entrevistas durante bastante tiempo, pero eventualmente mi nivel salarial empañó mi percepción del trabajo que tenía. Finalmente empecé a aceptar algunas de las invitaciones a las entrevistas y terminé aceptando un trabajo que ofrecía casi el triple de lo que había estado ganando.

La moraleja de la historia es que, independientemente de lo insignificante que pueda parecer el salario, todavía tendrás cuentas que pagar y querrás asegurarte de que se te paga justamente. Si no te pagan justamente, probablemente encontrarás que tu falta de salario probablemente impactará en tu actitud y posiblemente afectará tu desempeño.

Con suerte, tendrás una idea al entrar en la entrevista de cuáles son las "tarifas del mercado" para el trabajo que te interesa. Si no estás seguro, puedes usar varios sitios de Internet para obtener información sobre el salario. Sitios como indeed.com, glassdoor.com y LinkedIn ofrecen información salarial de la industria que puedes utilizar como guía.

Es importante señalar que el salario se discute generalmente cerca del final de una situación de entrevista. En el caso de una entrevista múltiple, podrías tener primero una entrevista telefónica y/o una entrevista de vídeo antes de entrevistarte con alguien cara a cara. En estos casos, encontrarás que el salario raramente se discute en las entrevistas iniciales. Dicho esto, nunca debes esperar hasta el final de una entrevista para discutir el salario o el paquete de compensación. El salario no debe ser una idea tardía y, si esperas demasiado tiempo para hablar del salario, perderás parte de la influencia que podrías tener la negociación.

Normalmente el entrevistador será el primero en abordar el tema, pero si no lo hace y parece que es el momento de hablar del salario, puedes comenzar la discusión preguntando algo como: "¿Sería ahora un buen momento para hablar del salario?"

Lo ideal sería que el entrevistador te diera un rango salarial antes de que tengas que dar demasiada información sobre tus requisitos salariales. Es probable que algunos entrevistadores te pregunten cuál es tu salario en tu puesto actual. Si te hacen esta pregunta, te animo a que tengas cuidado de no dar demasiada información. Si sueltas tu salario actual, es casi seguro que estarás restringiendo el salario que te ofrecerán en el nuevo trabajo. Por ejemplo, si ganas un salario anual de $40,000 y se lo dices al entrevistador, es probable que no recibas un salario que exceda tu salario actual en más de un 10%. Las investigaciones demuestran que muchos empleadores son reacios a aumentar los salarios de los nuevos empleados de manera sustancial si conocen el nivel salarial actual del nuevo empleado y creen que un aumento de alrededor del 10% es suficiente para conseguir que alguien deje otro trabajo.

Por lo tanto, lo ideal es que le preguntes al posible empleador si tiene un rango salarial en mente para el trabajo. Si continúan presionándote por tu salario actual, podrías responder diciendo, "Lo que hago en mi posición actual realmente no es relevante, ya que este sería un trabajo diferente con una compañía diferente y diferentes responsabilidades. Sólo busco un trabajo que me pague justamente en base a mis talentos y habilidades". Y luego podrías añadir la pregunta: "¿Puede decirme qué tipo de presupuesto tiene para este puesto?"

Cabe señalar que nunca recomendaría que mintieras sobre tu salario actual. Aunque algunas personas lo hacen, y lo hacen con éxito, debes saber que si te atrapan en una mentira, arruinarás tu oportunidad de conseguir el trabajo inmediatamente. También recuerda que podrías haber llenado una solicitud en la que se te pidió que indicaras tu salario actual. Al llenar esta parte de una solicitud, les digo a mis clientes que indiquen el salario que desean en esta línea de la solicitud. Por ejemplo: (El rango de salario deseado es de $50,000/año).

Por lo tanto, una vez más, trata de no ofrecer tu información salarial actual demasiado rápido (a menos que ya te paguen por el precio de mercado). Al revelar tu salario, es probable que pierdas algo de tu influencia en la negociación de un salario más alto.

Qué Hacer Cuando Te Preguntan Algo Que Te Toma Desprevenido.

Independientemente de la duración o el grado de preparación de la entrevista, es probable que te hagan una o dos preguntas que te dejen desconcertado. No dejes que estas preguntas te pongan nervioso o que te confundan. Tengo algunos consejos sencillos que te permitirán tener más tiempo para ordenar tus pensamientos.

Puede ganar más tiempo para desarrollar tu respuesta simplemente reconociendo la pregunta. Aquí hay algunos ejemplos de reconocimientos:

-- *"Oh, esa es una buena pregunta."*

-- *"Oh, nunca me habían preguntado eso antes."*

-- *"Déjame pensarlo un momento…"*

-- Si crees que puedes dar una buena respuesta a la pregunta, puedes decir, *"Me alegro de que hayas preguntado eso".*

Otra forma de ganar más tiempo es simplemente reformular o repetir la pregunta. *"Si yo fuera un árbol, ¿qué clase de árbol sería y por qué?"* o *"Entonces, ¿qué clase de árbol sería?"*

Y, si no entiendes totalmente la pregunta, puedes pedirle al entrevistador que te aclare la pregunta. *"Quiero asegurarme de que entiendo la pregunta. ¿Puedo pedirle que se profundice en eso o que lo aclare?"*

Y, por último, si la pregunta que se te hace es una pregunta de varias capas, no dudes en escribir algunas notas sobre cómo podrías responder. Pero si está tomando notas, asegúrate de tomarlas rápidamente. No querrás retrasar la entrevista mientras tomas notas.

¿Está bien mentir? ¿Cuándo está bien mentir en una entrevista?

No es un secreto que algunas personas mienten en las entrevistas. Tal vez es la presión de conseguir ese trabajo que realmente quieres. Tal vez es la idea, a veces cierta, de que mentir, adornar u omitir cierta información de una entrevista te ayudará a conseguir el trabajo.

Aunque te disuadí de mentirle a tu posible empleador, puede haber cosas que puedes adornar u omitir cierta información en una entrevista. Te daré algunos ejemplos, sin ningún orden en particular:

1) Salario. Esta es la cosa más importante sobre la que la gente miente en sus entrevistas. No lo recomiendo, ya que podría volver a perjudicarte más tarde, sobre todo si el departamento de recursos humanos de tu nueva empresa comprueba tus referencias y surge la cuestión de tu salario. En lugar de inventar un salario más alto que el que recibes en tu puesto actual, podrías ponerle un precio a tu actual paquete de compensación, incluyendo salario, tiempo de vacaciones, beneficios, etcétera, por ejemplo: "Tengo un paquete de compensación y beneficios que valoraría cerca de $150,000".

2) Tus talentos y habilidades. Algunas personas mentirán sobre lo que pueden hacer. Por ejemplo, cuando se les pregunta si están familiarizados con un programa de software en particular, pueden indicar que están familiarizados con él cuando no saben cómo usarlo. Si esto es algo que puedes hacer en un curso intensivo y aprender entre la entrevista y la fecha de inicio, probablemente podrías salirte con la tuya. Pero si no estás familiarizado con el programa y no puedes aprenderlo rápidamente, vas a estar en problemas cuando estés realmente en el trabajo y tu empleador

espera que sepas cómo usar el programa. Será mejor que seas honesto y le digas al entrevistador que no estás familiarizado con el programa, pero que eres un aprendiz rápido y dispuesto a aprender esa habilidad rápidamente. Conocí a un diseñador gráfico que mintió sobre los programas gráficos con los que estaba familiarizado. Lo contrataron para el trabajo. Pero a los dos días de haber comenzado el trabajo, su empleador se dio cuenta de que el nuevo empleado no estaba familiarizado con los programas gráficos con los que decía estar familiarizado, y ese diseñador gráfico fue despedido a menos de una semana de haber comenzado su nuevo trabajo.

3) Cómo te sientes respecto a tu jefe o compañeros de trabajo actuales. Esta es un área en la que puedes hacerte daño a ti mismo. Si tuviste conflictos importantes con tus jefes o compañeros de trabajo actuales o pasados, no te beneficiarás al destrozarlos en tu entrevista. No, ciertamente no tienes que cantar sus alabanzas, sin embargo, tampoco lograrás nada si los destrozas.

4) Tus mayores debilidades. Si un empleador prospectivo pregunta acerca de cuáles son tus mayores debilidades, probablemente está bien que destaques una debilidad que no sea tu mayor debilidad. En vez de admitir una debilidad que no se puede corregir fácilmente, debes seleccionar una debilidad que puedas o que ya hayas mejorado, por ejemplo: "Anteriormente tomé más proyectos de los que podía manejar, sin delegar. Me di cuenta de esa deficiencia y desde entonces he trabajado para utilizar mi equipo mucho mejor. Aunque todavía estoy trabajando en ello, ahora siento que he mejorado hasta el nivel en que ya no es un problema".

5) A quién conoces. Está bien dejar caer nombres durante una entrevista, pero asegúrate de que al menos conoces a la persona que dices conocer, ya que esto es otra cosa que puede volver a perjudicarte si mientes.

6) Tus intereses. Si te preguntan cuáles son tus intereses principales fuera del trabajo, probablemente esté bien seleccionar intereses menores que te hagan ver mejor ante un posible empleador. Sin embargo, ten cuidado. Conocí a un joven que decía que le gustaba el golf, cuando vio trofeos de golf en la oficina del entrevistador. No jugaba al golf en absoluto y, poco después de ser contratado, el entrevistador no dejaba de preguntarle si quería participar en una ronda de golf. El joven siguió declinando, pero me dijo que el entrevistador, que ahora era su compañero de trabajo, eventualmente se dio cuenta de que el joven no era golfista y, aunque no lo despidieron, se sentía avergonzado por la situación.

7) Despido o renuncia. Si fuiste despedido o destituido de tu puesto anterior, sé honesto al respecto, pero no te detengas en ello. Enfócate en lo positivo y dile a tu empleador que estás listo para nuevos retos y oportunidades.

8) Lugares donde has trabajado. Si has tenido lugares en los que has trabajado por períodos cortos de tiempo o lugares en los que tuviste una mala experiencia, está bien que lo dejes fuera de tu currículum o de la conversación de la entrevista, siempre y cuando puedas explicar cualquier laguna laboral en tu currículum.

Nuevamente, nadie puede decirte si debes mentir, adornar u omitir información durante tu entrevista. Tendrás que determinar esto en base a tu ética y a los principios por los que vives. Sin embargo, si mientes o adornas, te sugiero seriamente que examines las posibles consecuencias de hacerlo.

Capítulo 8—El Futuro Está Esperando

Tu entrevista ha terminado. O bien conseguiste el trabajo o no lo conseguiste, o tendrás que esperar a que el posible empleador tome una decisión. De cualquier manera, hay algunas cosas que debe hacer para dar seguimiento a tu entrevista.

Qué Hacer Después De La Entrevista De Trabajo.

Antes de colgar el teléfono, cerrar una videollamada o dejar la entrevista, es muy importante que le preguntes al entrevistador cuándo debes hacer el seguimiento (suponiendo que no anuncien una decisión antes de que termine la entrevista). Si entrevistaste junto a varias personas, averigua con quién debes hacer el seguimiento y cómo el entrevistador preferiría que lo hicieras. (¿Quieren que llames, que les envíes un correo electrónico?)

Una vez que hayas aclarado tu mente, te sugiero que te sientes y escribas a máquina algunas notas de la entrevista. A medida que pasen los días después de una entrevista, es probable que olvides algunas de las cosas que se discutieron durante la entrevista y probablemente encuentres beneficioso tener algunas notas a las que puedas recurrir, si es necesario.

Después de hacerlo, debes planear enviar una nota de agradecimiento a cada persona con la que te entrevistaste. Si tuviste una entrevista telefónica o una entrevista en video, una nota de agradecimiento enviada por correo electrónico es apropiada. Si has tenido una entrevista en persona, te recomendaría que envíes un correo electrónico de agradecimiento ese mismo día y luego una carta de agradecimiento escrita a mano ese día o al día siguiente. Si envías notas de agradecimiento por correo electrónico a varias personas, escribe una nota personal y diferente para cada persona con la que te entrevistaste. Preferiblemente no la misma nota copiada. Una nota enviada por correo electrónico te dará la oportunidad de reiterar tu interés en el trabajo y enfatizar de nuevo por qué eres el adecuado para el trabajo. La nota enviada por correo postal debería ser mucho más corta, probablemente en una tarjeta de agradecimiento de algún tipo. Con ambas formas de nota, recomiendo que siempre agradezcas a los entrevistadores por su tiempo, les digas que disfrutaste aprendiendo más sobre el puesto y la empresa, y que vuelvas a expresar tu interés y entusiasmo por el trabajo que están ofreciendo.

Al enviar notas de agradecimiento, debes tener en cuenta que probablemente no vas a conseguir un trabajo basado en una nota de agradecimiento, pero si no envías una nota, podrías perder el trabajo. Las notas de agradecimiento ofrecen a los solicitantes la oportunidad de mantenerse "en la cima" con los entrevistadores y si tú no envías una nota de agradecimiento o no haces un seguimiento como se acordó, el entrevistador bien podría pensar que no estás interesado en el trabajo.

Si estás trabajando con un reclutador corporativo o un cazatalentos en tu búsqueda de trabajo, pídele a tu reclutador que haga un seguimiento con una llamada telefónica al gerente de contratación. Ellos deberían ser capaces de averiguar cómo te fue en la entrevista. Incluso si estás trabajando con un reclutador, las notas de agradecimiento deben venir de ti y no del reclutador. El entrevistador debe entender que estás interesado en el trabajo, no sólo que el reclutador está interesado en colocarte. Y, si estás usando un reclutador, te sugiero que hagas un seguimiento personal con el entrevistador en lugar de dejar la tarea únicamente al reclutador.

Con suerte, has tomado nota de cuando el entrevistador te pidió que les dieras seguimiento. Un par de notas sobre estos seguimientos.

Seguimiento cuando el entrevistador te dijo que hicieras el seguimiento. No antes ni después. Es posible que tengas que caminar por una línea muy fina entre parecer interesado en el trabajo y parecer desesperado o convertirse en una molestia. Cuando hagas el seguimiento, pídeles una actualización de dónde están en el proceso de contratación y con cada llamada o correo electrónico pregúntales cuándo debes volver a contactarlos para obtener un estado actualizado. Y, si lo consideras apropiado, puedes preguntarles cómo te estás ubicando en comparación con los otros candidatos que han entrevistado. Si puedes obtener una respuesta sobre esto, tendrás una mejor idea de cuáles son tus posibilidades de conseguir el trabajo.

Y mientras esperas escuchar sobre un trabajo, no dejes que eso te impida buscar otros trabajos. Dependiendo de los puestos para los que se estés entrevistando, conseguir un trabajo puede ser a veces un juego de números y no hay nada malo en entrevistarse para varios trabajos al mismo tiempo. Si recibes una oferta en un trabajo mientras esperas oír en otro trabajo que preferirías más, entonces tendrás que tomar una decisión, pero será un buen problema para tener.

¡Conseguiste el Trabajo! ¿Ahora Qué?

¡Bingo! ¡Conseguiste el trabajo! Esta gran noticia debería poner en marcha las cosas que necesitarás hacer para pasar de tu antiguo empleo a tu nuevo empleo.

Al recibir una oferta de trabajo, debes confirmar la oferta con una carta de aceptación. En la carta, deberías confirmar la fecha de inicio acordada, el salario y el paquete de compensación completo (si el empleador no ha confirmado ya estas cosas por escrito con su oferta).

Haz una copia de tu carta de aceptación para futuras referencias si surgen preguntas más adelante.

Luego tendrás que decirle a tu jefe actual que has aceptado un puesto en otra empresa. Puedes hacerlo verbalmente o con una carta formal de renuncia. Cuando presentes una carta de dimisión, también deberás hacerlo a la persona de recursos humanos de tu empresa. Si inicialmente le informas a tu jefe de tu nuevo trabajo por escrito, debes ofrecerte a reunirte con él o ella cuando sea conveniente para establecer un plan de transición. Debes saber que hay algunas compañías que no te permitirán continuar trabajando allí después de que hayas presentado una carta de renuncia. No te lo tomes como algo personal, ya que algunas compañías tienen esa política y no debe ser tomada como algo personal. Un cliente mío presenta un programa de entrevistas en la radio. Cuando consiguió un trabajo en otra estación hace tres años, la gerencia de la estación le dijo que no se le permitiría salir al aire nunca más. Había trabajado allí durante siete años y lo tomó como una afrenta personal, decepcionado de que no se le permitiera despedirse de todas las personas que habían escuchado lealmente su programa de radio a lo largo de los años. Le dije que no se lo tomara como algo personal, ya que era simplemente una política de la empresa. (La estación era propiedad de un conglomerado mediático que había sido objeto de un escarnio previo al permitir que un empleado que se iba continuara al aire después de que ese empleado hubiera presentado su renuncia. El empleado procedió a "destrozar" la estación con muchos comentarios negativos durante su último programa de radio. Por lo tanto, había una razón para la política de la compañía).

En cualquier carta de dimisión o en cualquiera de tus acciones después de tu dimisión, te sugiero seriamente que tomes el camino correcto y que seas amable durante todo el proceso, aunque tengas cosas que no te gusten de trabajar allí. Nunca es bueno romper puentes al dejar un trabajo. Eso puede hacerte sentir mejor, pero también mostrará una falta de respeto por la gente que sigue trabajando allí y nunca se sabe si necesitarás algo de una de esas personas en el futuro. Cualquier carta de renuncia debe señalar que usted estaba feliz por la oportunidad de trabajar allí y que les desea éxito en el futuro (aunque no lo hagas realmente).

En la reunión con tu futuro ex-jefe o supervisor, será bueno que te pongas de acuerdo en un plan de transición. ¿Querrá tu supervisor que entrenes a otra persona para el puesto que dejas? ¿Querrá que le des instrucciones detalladas para tu reemplazo? He tenido muchos clientes que se han apresurado a ofrecer su nueva información de contacto a su antiguo supervisor, diciéndoles que son bienvenidos a llamar en cualquier momento que tengan preguntas sobre el puesto que dejaron. Si no crees que tu empleador anterior se convertirá en una molestia con muchas llamadas telefónicas, probablemente esto esté bien. Sin embargo, si vas a hacer esto, debes estar consciente de que es posible que tu nuevo empleador no vea con buenos ojos esta práctica y tal vez quieras indicar a tu antiguo supervisor que se ponga en contacto contigo después de las horas de trabajo. Una excepción a hacer tal oferta a tu antigua compañía sería si has ido a trabajar para un competidor. Si este es el caso, probablemente ni siquiera sea ético que ayudes a tu compañía anterior y tu nuevo empleador casi seguro que desaprueba la idea de que ayudes a tu antiguo empleador.

A lo largo del proceso de transición en la empresa que vas a dejar, te sugiero que continúes manteniendo un contacto ocasional con tu nueva empresa, sólo para asegurarte de que todo sigue "en Marcha". Y, si tienes alguna pregunta nueva que surja mientras esperas para comenzar tu nuevo trabajo, estos contactos ocasionales serán buenos momentos para hacer esas preguntas a tu futuro empleador.

Y finalmente, mientras te preparas para dejar tu antiguo trabajo por el nuevo, te recordaré una vez más que "salgas por la puerta grande". No desprecies la compañía que dejas, no hagas alarde de tu nuevo trabajo a los compañeros que dejas atrás, y no te quedes en tus últimos días allí. Continúa trabajando duro, sigue mostrando una actitud positiva y agradecida, y tómate el tiempo para agradecer a cualquier persona que te haya ayudado. Aprovecha al máximo el tiempo que te queda allí y crea una transición suave y agradable desde tu antiguo trabajo hasta el emocionante próximo capítulo de tu carrera.

Cómo Transformar Un Rechazo En Algo Positivo.

Así que, acabas de recibir la temida noticia de "hemos decidido ir en una dirección diferente". No vas a conseguir ese trabajo que tanto querías. ¿A qué te dedicas ahora?

Bueno, primero deberías darte cuenta de que la vida no es todo color rosa. Todos somos rechazados en algún momento. Una de las cosas más difíciles de ser un solicitante de empleo es que, en última instancia, si te contratan o no está fuera de tu control. Conozco a personas que juran que hicieron lo mejor que pudieron y que no fue suficiente para conseguir el trabajo. Algunas de esas personas incluso creen que tuvieron la entrevista perfecta; no había nada que pudieran haber hecho mejor. Quizás no tenían tanta experiencia como otros candidatos, quizás no tenían las habilidades que otros candidatos tenían. De cualquier forma, no consiguieron el trabajo.

Siempre animo a las personas que han sido rechazadas en una entrevista de trabajo a que mantengan una actitud positiva, a que continúen enfocándose en el proceso y no en los resultados, y a que miren hacia atrás y analicen la entrevista para ver si hay algo que podrían haber hecho mejor o que podrían estar haciendo mejor.

Aquí hay algunas sugerencias de cosas que puedes hacer después de haber sido rechazado en una entrevista:

1) Pide que te den su opinión. Después de que te digan que la compañía con la que te entrevistaste ha decidido ir en una dirección diferente, pide su opinión sobre por qué no conseguiste el trabajo. Pregunta esto de una manera positiva, no a la defensiva, y puede que te sorprenda la cantidad de gerentes de contratación que son comunicativos sobre el motivo por el que no conseguiste el trabajo. Y, si estás trabajando a través de un reclutador o cazatalentos para conseguir un trabajo, lo mismo se aplica. Solicítales que hagan un seguimiento con el empleador para ver dónde y por qué te quedaste corto. Puedes usar esta información para evaluar la manera en que te estás entrevistando. Si te rechazan de varios empleos por las mismas o similares razones, probablemente tendrás que ver la forma en que te estás entrevistando o los puestos para los que te estás entrevistando.

2) Analiza, identifica y adáptate. Es importante que continúes analizando por qué no obtienes los puestos de trabajo que estás solicitando. Como se mencionó anteriormente, si puedes obtener retroalimentación de las personas con las que te entrevistaste, eso ciertamente ayudará. Pero, ya sea que obtengas retroalimentación de los entrevistadores o no, debes estar constantemente analizando tu proceso y tu desempeño al tratar de obtener los empleos que deseas. Por supuesto, es posible que no estés haciendo nada malo, sin embargo, te estarás quedando corto si al menos no das un paso atrás y buscas áreas en las que puedas mejorar en tus esfuerzos de entrevista.

3) Concéntrate en las cosas que puedes cambiar. En algunos casos, no podrás hacer ningún cambio basado en la razón por la que no conseguiste el trabajo. Por ejemplo, tengo un cliente de Illinois que recientemente solicitó un puesto de venta en una empresa nacional. El puesto de ventas era responsable de dos estados, Luisiana y Texas. Cuando mi cliente se enteró de que la empresa con la que se entrevistó había decidido ir en una dirección diferente, le preguntó al gerente de contratación si había alguna razón por la que no lo habían elegido. El gerente de contratación observó que el candidato que fue contratado tenía experiencia previa en ventas en esos estados y por eso decidieron ir con él en lugar de mi cliente. Bueno, esto era algo que ciertamente estaba fuera del control de mi cliente. No podía controlar dónde estaban sus territorios y no tenía conocimiento de ello al entrar en la entrevista. Además, fue una mera coincidencia que la persona que obtuvo el trabajo había trabajado anteriormente en esos estados. Por lo tanto, mi cliente probablemente no hizo nada malo en su proceso de entrevista. Alguien más tuvo la suerte de haber trabajado antes en esos estados.

Te daré otra historia que ilustra cómo un solicitante se centró en las deficiencias que podía cambiar. Un pariente mío es un entrenador de béisbol. Tengo la sensación de que es genial en lo que hace, porque he leído sobre sus logros en Internet. (Todo lo que leemos en Internet es cierto, ¿verdad? Broma.) Bueno, durante años, mi pariente ha sido un entrenador de un colegio comunitario que se ha interesado en convertirse en un entrenador de bateo de las ligas menores y luego, con el tiempo, se abrió camino hasta convertirse en un entrenador de bateo de las ligas mayores. Por más de dos años, él tuvo entrevistas con cuatro diferentes equipos de béisbol de las ligas menores y cada vez él salió con las manos vacías. Frustrado, finalmente decidió volver a las personas con las que se entrevistó y averiguar por qué no lo habían contratado y cuáles eran las diferencias entre él y las personas que contrataron. Las dos primeras organizaciones a las que llamó fueron lo suficientemente comunicativas como para decirle que estaban preocupadas por si podría trabajar bien con los jugadores latinoamericanos, ya que no hablaba español. Para los que no lo saben, hay un gran porcentaje de jugadores latinoamericanos en las ligas menores y mayores de béisbol de Estados Unidos y no todos ellos hablan o entienden el inglés con fluidez. Así que, armado con esta información, mi pariente se encargó de tomar algunas clases aceleradas de español. Por supuesto, para cuando llegó la siguiente temporada, era muy competente para hablar español. Solicitó un trabajo como entrenador de bateo en las ligas menores y fue contratado. Un par de lecciones se pueden aprender de su experiencia. Primero, solicitó comentarios sobre el motivo por el que había sido rechazado anteriormente. Segundo, analizó esa información y determinó que probablemente no estaba ganando esos trabajos porque no hablaba español, a pesar que eso nunca fue anunciado como requisito para el trabajo. Tercero, se dio cuenta de que podía cambiar esa deficiencia y tomó algunos cursos de español.

4) Promete que aprenderás algo de tu rechazo. No es ningún secreto que podemos aprender mucho de nuestros fracasos. Y si no aprendemos de nuestros fracasos, seguiremos repitiéndolos. Si te han rechazado por un trabajo, hazte cargo de analizar lo que podrías haber hecho mejor y aprende de ello. De lo contrario, todo el tiempo y el esfuerzo que dedicaste a la preparación de esa entrevista seguramente se desperdiciará. Trata de sacar algo valioso de cada rechazo.

5) Afina tu búsqueda. Con la entrevista para el trabajo que no conseguiste, ¿hubo algo que no te gustó de los trabajos o de las empresas con las que te entrevistaste? Dejando a un lado el rechazo,

tal vez descubriste algunas cosas sobre el trabajo o la compañía que no eran tan buenas como pensabas que serían. Si es así, puedes usar esta información para afinar tu búsqueda. Por ejemplo, si alguien se presenta a un trabajo de gestión de contabilidad y se da cuenta en la entrevista de que el trabajo requiere mucha más gestión de personas que la contabilidad. Y la persona que se postuló para este trabajo realmente no está muy interesada en manejar a las personas. Preferiría estar más involucrado sólo en los aspectos contables de un trabajo de contabilidad. Con ese autoanálisis, puede refinar sus búsquedas futuras a trabajos de contabilidad que no incluyan responsabilidades de gestión.

6) Céntrate en el proceso, no en el resultado. Mis clientes te dirán que insisto en la idea de que, al buscar un trabajo, necesitan enfocarse en el proceso de conseguir un trabajo y prepararse y entrevistarse bien en lugar del resultado. La entrevista es un proceso y no podrás controlar el resultado de quién es elegido para el trabajo. Sin embargo, si puedes continuar afinando los métodos que estás usando para conseguir y prepararte para las entrevistas y continuar analizando y refinando la forma en que estás entrevistando, te darás la mejor oportunidad de manipular el resultado. Por lo tanto, enfócate en el proceso y no en el resultado.

Conclusión

Así que, ahí lo tienes. Ahora que has leído este libro, tienes las herramientas para salir y conseguir las entrevistas que quieres. También tienes algunos consejos y técnicas que te ayudarán a tener más éxito en las entrevistas, a ser mejor persona y a conseguir el trabajo que realmente quieres.

Hemos discutido una variedad de temas que puedes usar para aumentar tus posibilidades de conseguir el trabajo. Puedes obtener más entrevistas usando los consejos que te he dado para construir un mejor currículum. Puedes posicionarte por encima de otros candidatos escribiendo cartas de presentación que capten la atención del lector y le digan al entrevistador por qué eres un candidato formidable al que tienen que entrevistar.

Hemos discutido cómo vestirse para una entrevista, cómo superar el nerviosismo y la ansiedad. Hemos hablado de la importancia de hacer los deberes e investigar la empresa con la que te vas a entrevistar, para que puedas evitar la pregunta "¿Qué hacen aquí?", para empezar la entrevista. También deberías tener un mejor manejo de cómo navegar las preguntas difíciles en una entrevista y ahora sabes qué preguntas hacer durante una entrevista. Sabes cómo manejar las preguntas que te pillan desprevenido. Con el lenguaje corporal correcto y un aire de confianza, serás capaz de sobresalir y causar una primera impresión de calidad. Ahora sabes lo que los posibles empleadores quieren oír y sabes las cosas que ellos no quieren oír. Y sabes cómo hacer un seguimiento después de una entrevista de trabajo. Si tienes la suerte de convertirte en el candidato principal, sabrás cómo negociar para obtener el salario óptimo. También sabrás lo que tiene que pasar después de que aceptes una oferta.

En resumen, ahora tienes las herramientas en tus manos para marcar y marcar entrevistas.

Como he mencionado antes, el proceso de entrevista de trabajo es una competencia. Competirás contra otros candidatos que tienen el mismo objetivo que tú: conseguir el trabajo. Si vas a tener una oportunidad, tendrás que encontrar la manera de destacarte de estos otros candidatos. Tendrás que ajustar y afinar tu proceso de entrevista. Aunque he conocido a personas que han asegurado que tuvieron una entrevista perfecta, pero no consiguieron el trabajo, siempre he animado a esas personas a que continúen volviendo y analizando su proceso. ¿Realmente hicieron todo bien? ¿No hay algo que podrían haber mejorado?

La entrevista para un trabajo puede ser un proceso frustrante, sobre todo porque incluye algunos elementos que están fuera de tu control. Con los candidatos que han sentido que han hecho todo bien durante el proceso de entrevista, pero que aún no han conseguido el trabajo, les digo lo mismo que te digo a ti: En las entrevistas de trabajo, es importante que te concentres en el proceso de conseguir el trabajo, no en el resultado. Puedes controlar lo que haces en tus esfuerzos por conseguir el trabajo, pero no puedes controlar si consigues el trabajo. Desafortunadamente, eso está fuera de tu control. Así que, de nuevo, con esas cosas en mente, concéntrate en el proceso, no en el resultado. Si puedes hacer eso, te aseguro que tendrás más éxito en las entrevistas y aumentarás tus posibilidades de conseguir el trabajo.

Si no consigues un trabajo, por la razón que sea, no bajes la cabeza. Si puedes aprender de tus rechazos pasados, esos rechazos te ayudarán en última instancia a mejorar tu proceso. Sí, tengo clientes que me dicen que están cansados de aprender de sus errores. Dicho esto, siempre les recuerdo que la búsqueda de un nuevo trabajo es a menudo un juego de números. Es un proceso, no un evento. Cuanto más y más rápido puedas afinar tu proceso, más rápido podrás conseguir ese nuevo trabajo.

Ahora has pasado un poco de tu tiempo valioso leyendo este libro.

Espero que ahora te tomes el tiempo para implementar inmediatamente algunos de los consejos y técnicas que te he dado. Con muchos libros de autoayuda o de "cómo hacer" como éste, los lectores cometen el error de no resolverse a hacer cambios inmediatamente. Algún día se decidirán a hacer cambios, siempre que lo hagan. Desafortunadamente, la mayoría de esas personas nunca lo hacen. Por eso te animo a que hagas cambios y cambies tu proceso inmediatamente. Si estás dispuesto a hacerlo, seguramente aumentarás tus posibilidades de conseguir el trabajo que quieres. Aunque no puedo garantizar que obtendrás todos los empleos que solicites, puedo decir que si usas las herramientas que te he proporcionado, podrás dar lo mejor de ti mismo al tratar de conseguir entrevistas y tendrás muchas más posibilidades de tener éxito en las entrevistas que tengas.

Así que, ¡vamos a por ello!

Te deseo más entrevistas y más éxito en las mismas. ¡Feliz cacería!

www.ingramcontent.com/pod-product-compliance
Lightning Source LLC
Chambersburg PA
CBHW022009120526
44592CB00034B/760